10 Lições sobre
HEIDEGGER

Dados Internacionais de Catalogação na Publicação (CIP)
(Câmara Brasileira do Livro, SP, Brasil)

Kahlmeyer-Mertens, Roberto S.
10 lições sobre Heidegger / Roberto S. Kahlmeyer-Mertens. – Petrópolis, RJ : Vozes, 20s15. – (Coleção 10 Lições)

Bibliografia.

6ª reimpressão, 2025.

ISBN 978-85-326-4934-8

1. Filósofos alemães 2. Heidegger, Martin, 1889-1976
I. Título. II. Série.

14-12168   CDD-193

Índices para catálogo sistemático:
1. Filosofia alemã   193

Roberto S. Kahlmeyer-Mertens

10 Lições sobre
HEIDEGGER

Petrópolis

© 2015, Editora Vozes Ltda.
Rua Frei Luís, 100
25689-900 Petrópolis, RJ
www.vozes.com.br
Brasil

Todos os direitos reservados. Nenhuma parte desta obra poderá
ser reproduzida ou transmitida por qualquer forma e/ou quaisquer
meios (eletrônico ou mecânico, incluindo fotocópia e gravação)
ou arquivada em qualquer sistema ou banco de dados sem
permissão escrita da editora.

CONSELHO EDITORIAL

Diretor
Volney J. Berkenbrock

Editores
Aline dos Santos Carneiro
Edrian Josué Pasini
Marilac Loraine Oleniki
Welder Lancieri Marchini

Conselheiros
Elói Dionísio Piva
Francisco Morás
Teobaldo Heidemann
Thiago Alexandre Hayakawa

Secretário executivo
Leonardo A.R.T. dos Santos

PRODUÇÃO EDITORIAL

Anna Catharina Miranda
Eric Parrot
Jailson Scota
Marcelo Telles
Mirela de Oliveira
Natália França
Priscilla A.F. Alves
Rafael de Oliveira
Samuel Rezende
Verônica M. Guedes

Editoração: Fernando Sergio Olivetti da Rocha
Diagramação: Alex M. da Silva
Capa: Sheilandre Desenv. Gráfico
Ilustração de capa: Studio Graph-it

ISBN 978-85-326-4934-8

Este livro foi composto e impresso pela Editora Vozes Ltda.

Sumário

Introdução, 7

Primeira lição – O filósofo por ele mesmo, 11

Segunda lição – Martin Heidegger, filósofo "serista", 39

Terceira lição – A fenomenologia entre o metódico e o atitudinal, 49

Quarta lição – De uma hermenêutica fenomenológica da facticidade, 57

Quinta lição – *Desconstruir a metafísica?*, 67

Sexta lição – Análise fundamental do ser-aí, 75

Sétima lição – Ser-no-mundo, ocupação e impropriedade, 85

Oitava lição – A angústia e a descoberta de si--próprio, 95

Nona lição – Sobre ser constitutivamente *cuidado*, 105

Décima lição – Da filosofia do tempo à "viragem" do pensamento, 115

Conclusão, 125

Referências, 133

INTRODUÇÃO

10 lições sobre Heidegger foi deliberadamente concebido como uma introdução. Vem se juntar às proporcionalmente poucas obras introdutórias escritas em nosso país sobre este filósofo, trabalhos nos quais se identifica, malgrado suas diferenças, o propósito comum de evidenciar o quanto a figura filosófica de Heidegger é absolutamente decisiva para a filosofia contemporânea. Para justificar avaliação tão súbita, basta indicar que Heidegger é o pensador que reabilita a questão do *ser* (questionamento fundamental da metafísica pressuposto em todos os problemas que derivam dessa); que nos ensina como o pensamento (por meio da fenomenologia e da hermenêutica) pode entabular um diálogo fecundo com a tradição filosófica sem se deixar dragar por suas correntes mais influentes; que, pela abrangência e incisividade de suas análises dos elementos ontológicos encobertos na história da metafísica, pode fazer diagnósticos dessa tradição, bem como abrir novos horizontes de pensamento e, a partir deles, dar voz a indagações que hoje vivem em alguns dos pensadores que seguiram seus passos.

Antes de começar, gostaríamos de dizer expressamente que partiremos do pressuposto, compartilhado com o próprio Heidegger, de que um contato introdutório com sua filosofia deve "sempre observar que apenas desde o pensamento do 1º (Heidegger) se disponibiliza-o a ser pensado no 2º (Heidegger)"[1]. Esta orientação, portanto, se opõe frontalmente a alguns intérpretes que são da opinião de que, para se ler Heidegger, seria procedente fazer qualquer trajetória, partindo do início para o fim ou vice-versa.

No presente trabalho, a abordagem da *recolocação da questão do ser* constitui um fecundo ponto de partida. Desde a mesma, é possível expor os muitos momentos de elaboração das investigações de Heidegger em torno à questão do *ser*. O trabalho, assim, programa a uma apresentação despretensiosa de concepções e temas intrínsecos a essa filosofia, além do modo com que esses perpassam tal obra em contato com a referida questão fundamental (essa desambição, entretanto, não é tamanha a ponto de renunciarmos ao anseio de esse trabalho constituir um ingresso ao pensamento de Heidegger).

---

1. HEIDEGGER, M. "Preface". In: RICHARDSON, W.J. *Heidegger*: Through phenomenology to thought. The Hague: Martius Nijhoff, 1967, p. XXII.

Reforçando o que foi dito acima, ao leitor mais exigente, asseveramos que (em coerência ao propósito e mesmo ao espaço útil de que dispomos) não se pretende dar desdobramentos exaustivos aos temas aqui presentes. Esforçaremos-nos, portanto, por ser abreviados sem, no entanto, incorrer em generalizações ou "encurtamentos" da filosofia em apreço. Para evitar este risco iminente, concordamos ser imprescindível o contato direto com as obras do filósofo e, ao procurar manter, em nossa exposição, o diálogo interrogativo com a filosofia heideggeriana, optaremos por fazer de um modo que não deixe de fora seus intérpretes mais autorizados. Isso porque, entendemos que uma introdução como a que aqui se pretende, não deve se furtar a referenciar a bibliografia de comentário, indicando como as ideias de Heidegger seriam apropriadas e criticamente problematizadas por esses outros interlocutores (o uso e a referência dos comentadores não apenas proporciona solidez ao trabalho quanto transparência exigida no fazer científico, geralmente falseada quando tais autores não são devidamente referenciados quando constituem fontes).

Ainda em um aceno bastante rápido, é preciso dizer que, em nossa bibliografia, priorizaremos os títulos em português, com isso, as traduções de Heidegger e de seus comentadores são utilizadas com o único intuito de servir de indicação útil ao nosso público-alvo (leitores de língua portuguesa interessados em filosofia e áreas afins). Permitiremo-nos, contudo, retocar as traduções e, mesmo, propor uma própria desde o idioma original nos casos em que a versão disponível estiver, de algum modo, comprometida.

Após essas considerações, um agradecimento cordial deve ser registrado, aqui, ao Professor Dr. Flamarion Tavares Leite que, de bom grado, acolheu a proposta de um título sobre Heidegger na coleção que coordena nessa editora. Devo também gratidão aos amigos Eduardo Henrique Silveira Kisse e Celito De Bona que, em diferentes momentos, colaboraram no estabelecimento da versão definitiva do texto. Por fim, dedico este trabalho a todos os colegas professores e alunos do Curso de Filosofia da Universidade Estadual do Oeste do Paraná, reconhecendo que a confiança e a motivação depositada em mim renovam, a cada dia, minha verdadeira afeição pela filosofia.

Primeira lição

O filósofo por ele mesmo

Apresentar um relato biográfico, ainda que breve, como pretende este primeiro capítulo, requer a compreensão de um indivíduo em sua *existência*. A compreensão da vida e da obra de alguém, por sua vez, só pode ser intentada se procuramos nos inteirar das situações, visões e concepções com as quais essa existência se perfez. Significa dizer que, apenas compreendendo as significações de um determinado tempo e de aspectos individuais, chegamos a nos colocar interpretativamente diante das bases de tal existir.

Biografar, assim – mesmo em uma nota como a presente – vai mais além de ordenar episódios de maneira lógica ou de compor uma imagem pessoal compilando elementos psicológicos: *é interpretativo o fazer do biógrafo*. Destaque-se que o interpretar e o compreender em questão dão-se mais apropriadamente quando a biografia é feita como autobiografia, isso porque esta permite que nós mesmos cheguemos a compreender e interpretar segundo um mundo de sentidos e significados socialmente compartilhado.

Sendo o biografar a si mesmo "a forma mais elevada e instrutiva com que a compreensão da vida vem ao nosso encontro", como diria o filósofo e historiador Wilhelm Dilthey[2], justifica-se que nossas notas sobre a vida e a obra de Heidegger se sirvam de indicações dadas pelo próprio Heidegger. Este filósofo, todavia, parece conferir mais importância a seu pensamento do que a si mesmo, de sorte que (em face de sua larga obra) são proporcionalmente poucas as vezes que o filósofo se autorreferencia, o que torna nosso registro, desde o início, precário, precisando, alhures, ser complementado com testemunhos daqueles que conviveram com Heidegger e das biografias disponíveis.

Do *curriculum vitae*, escrito pelo próprio filósofo para satisfazer exigências acadêmicas por ocasião de sua defesa de doutorado, extraímos subsídios para uma primeira apresentação: "Nasci Martin Heidegger, em Messkirch (Baden), em 26 de setembro de 1889, filho do sacristão e mestre tanoeiro Friedrich Heidegger e sua esposa Johanna, nome de solteira Kempf, todos dois de confissão católica"[3]. A

---

2. DILTHEY, W. "Der Aufbau der geschichtlichen Welt in den Geisteswissenschaften". *Gesammelte Schriften*. Vol. VII. Stuttgart: Vandenhoeck & Ruprecht in Göttingen, 1968, p. 199.

3. Apud OTT, H. *Martin Heidegger, a caminho de sua biografia.*

breve fala nos remete, primeiramente, a Messkirch, cidade situada junto aos alpes suevos entre Bodensee e o alto Danúbio. A modesta cidadela era sítio de agricultores e artesãos e possuía pouco mais de dois mil habitantes na época em que o filósofo nasceu. Outrora jurisdição administrativa da Baviera (estado federal católico), a cultura em vigor ali era contraditoriamente marcada pelo forte liberalismo político e o ultratradicionalismo religioso, o mesmo do qual os Heidegger eram adeptos.

A referência aos pais, num segundo momento, não foge à mesma ambiência, já que Friedrich era zelador na igreja local. A pacata infância de Martin (junto de seus irmãos mais novos Marie e Fritz) foi, assim, vivida no espaço entre a simples casa paterna e o imponente templo de St. Martin, além da pracinha que, situada entre ambas, ficava à sombra do velho castelo de Fürstenberg, obra cujos pátios e jardins se abriam aos campos vizinhos. Heidegger, mais tarde, nos ofereceria uma descrição bucólica desta cena ao recordar seus primeiros contatos com a filosofia:

> Do portão do jardim do castelo estende-se até as planícies úmidas do Ehnried. Sobre o muro, as velhas tílias do jardim acompanham-no com o olhar, estenda ele, pelo tempo da páscoa, seu claro traço entre as sementeiras que nascem e as campinas

Lisboa: Instituto Piaget, 2000, p. 89-90.

que despertam, ou desapareça, pelo Natal, atrás da primeira colina, sob turbilhões de neve. Próximo da cruz do campo, dobra em busca da floresta. Saúda, de passagem, à sua orla, o alto carvalho que abriga um banco esquadrado na madeira crua. Nele repousava, às vezes, este ou aquele texto dos grandes pensadores, que um jovem desajeitado procurava decifrar. Quando os enigmas se acotovelavam e nenhuma saída se anunciava, o caminho do campo oferecia boa ajuda: silenciosamente acompanha nossos passos pela sinuosa vereda, através da amplidão da terra agreste[4].

A filosofia, no entanto, ainda demoraria um pouco mais para chegar à vida de Heidegger. Antes, ele receberia sua formação em primeiras letras na escola municipal local (*Realschule*), acompanhado pelo professor e clérigo Camillo Brandhuber. Fazia parte de seu currículo nessa época o estudo massivo de língua latina e a leitura de romances de formação como os do autor austríaco Adalbert Stifter. Brandhuber, por sua vez, foi o primeiro mestre a reconhecer e incitar os talentos intelectuais de Heidegger, favorecendo, em 1906, sua natural passagem ao liceu humanista de Constança: a *Casa Konradi*.

---

4. HEIDEGGER, M. *O caminho do campo*. Rio de Janeiro: Duas Cidades, 1969, p. 67 [Trad. Ernildo Stein].

Conhecendo a situação da família Heidegger, Konrad Gröber, à frente da *Konradinhaus*, recebeu o jovem Martin (com apenas 14 anos) das mãos de Brandhuber e também se empenhou por apoiar sua carreira estudantil. Isso o próprio Heidegger reconhece quando diz: "Devo ao Sr. Konrad Gröber, naquela época o reitor do internato para rapazes e atual padre da cidade de Constança, a sua influência intelectual que tanto me marcou"[5]. O mentor espiritual de Heidegger, no entanto, talvez não imaginasse que seus estímulos àquele escolar seriam tão decisivos. Afinal, foi ele:

> que me deu para ler a dissertação de Franz Brentano *Sobre a múltipla significação do ente segundo Aristóteles (1862)*. [...] A pergunta sobre a unidade do ser na multiplicidade dos entes, que se impunha àquela altura de forma confusa, oscilante e sem intensidade, permaneceu como o motivo constante para o esboço de *Ser e tempo*, surgido duas décadas mais tarde, devido a erros e atrapalhações[6].

Desse livro de Brentano sobre Aristóteles, Heidegger extrairia a questão que não apenas desenvolveria em sua obra *Ser e tempo* (1927), quanto

---

5. Apud OTT, H. *Martin Heidegger, a caminho de sua biografia.* Op. cit., p. 89.

6. Apud STEIN, E. *Introdução ao pensamento de Heidegger.* Porto Alegre: EdPUCRS, 2002, p. 10.

perseguiria, de diferentes modos, por toda sua vida. Foi esta mesma indicação que despertou, pela primeira vez, o interesse pela escola fenomenológica de Husserl, como admite Heidegger:

> Soube, por diversas indicações em revistas filosóficas que a maneira de pensar de Husserl era determinada por Franz Brentano. A dissertação deste último *Sobre a múltipla significação do ente segundo Aristóteles* (1862) constituía, desde 1907, o principal auxílio, nas minhas desajeitadas tentativas para penetrar na filosofia. Bastante indeterminada, movia-me a seguinte ideia: se o ente é expresso em múltiplos significados, qual será, então, o determinante significado do fundamental? O que quer dizer *ser*? Nos últimos anos de meu ginásio (*sic*) deparei-me com a obra do então professor de Dogma da Universidade de Friburgo, Carl Braig: *Sobre o ser – Compêndio de ontologia*. Fora publicada no ano de 1896, quando seu autor era professor extraordinário de Filosofia na Faculdade de Teologia de Friburgo. As seções maiores do texto sempre trazem no fim passagens de Aristóteles, Tomás de Aquino e Suarez, além da etimologia das palavras designantes dos conceitos ontológicos fundamentais[7].

_____

7. HEIDEGGER, M. "Meu caminho para a fenomenologia". *Sobre a questão do pensamento*. Petrópolis: Vozes, 2009, p. 85 [Trad. Ernildo Stein].

Após uma passagem de três anos (1906-1909) pelo Ginásio Berthold (*Bertholdsgymnasium*), Heidegger concluiu o curso secundário, ingressando logo em seguida na *Universidade de Friburgo* (um dos berços da "escola filosófica do sudoeste alemão"). Ali, Heidegger cursou Teologia:

> Meus estudos acadêmicos começaram no inverno de 1909-1910, na Faculdade de Teologia da Universidade de Friburgo. A prioridade do trabalho teológico deixava, no entanto, tempo suficiente para a filosofia que, de qualquer modo, fazia parte do programa de estudos[8].

Heidegger achava enfadonhas as aulas de Filosofia no Curso de Teologia, o que fez com que ele se aventurasse em leituras autodidáticas da filosofia escolástica. As leituras dos textos medievais, assim, deram-lhe alguma noção de lógica formal, embora carecessem do repertório metafísico apenas posteriormente adquirido nas aulas de Heinrich Finke e do já referido Carl Braig.

De Braig, Heidegger ouviria, "pela primeira vez, por ocasião de alguns passeios a pé, em que foi dado acompanhá-lo, algo sobre a importância de Schelling e de Hegel para a teologia especulativa, em contraste com o sistema doutrinal da esco-

---

8. Ibid.

lástica"[9]. Entretanto, com tal professor, aprende não apenas os conceitos da tradição filosófica, quanto um gesto que recrudesce antiga tendência familiar: o conservadorismo religioso e a aversão a tudo aquilo que constituiria renovação no tocante aos dogmas eclesiásticos. Braig lhe ensina também que "se pode ser antimodernista sem ter de ser obscurantista"[10], premissa que encontrava respaldo nas leituras do humanista alemão do século XVI Abraham a Sancta Clara e do ensaísta dinamarquês contemporâneo Johannes Jörgensen (o qual Heidegger passaria a considerar "o Agostinho moderno")[11].

Embora isso tenha contribuído na formação do jovem Heidegger, é de se estimar que seus influxos não tenham sido duradouros, afinal, nos anos subsequentes, estão mais presentes as leituras de Edmund Husserl do que as dos teólogos. É o que se vê aqui: "Ao lado do pequeno número de obras de Tomás de Aquino e algumas obras de Boaventura, as *Investigações Lógicas* de Edmund Husserl foram especialmente decisivas para o meu desenvolvimento científico"[12].

---

9. Ibid., p. 86.

10. SAFRANSKI, R. *Heidegger* – Um mestre na Alemanha entre o bem e o mal. São Paulo: Geração, 2000, p. 44.

11. OTT, H. *Martin Heidegger, a caminho de sua biografia*. Op. cit., p. 67.

12. Ibid., p. 90.

Até porque,

> desde o primeiro semestre, os dois volumes das *Investigações lógicas* de Husserl estiveram em minha mesa de estudos no teologado. Pertenciam à biblioteca da universidade. O prazo sempre podia ser renovado com facilidade. Provavelmente a obra era pouco procurada pelos estudantes[13].

É possível estimar que estas incursões em terrenos filosóficos tenham operado transformações na vida acadêmica de Heidegger, afinal, após quatro semestres cursados, ele se afastaria (em parte impelido por problemas cardíacos) do curso de teologia passando a dedicar-se exclusivamente à filosofia (período de ecletismo no qual leu a filosofia de Kierkegaard e Nietzsche, e a poesia de Hölderlin, Rilke e Trakl)[14]. Neste ponto vale ainda o acréscimo de Richard Polt: "Mais importante entre todos seriam os dois pensadores cujos trabalhos Heidegger estudou por muitos anos e que trouxeram importante vitalidade para seu próprio pensamento: Wilhelm Dilthey e Edmund Husserl"[15].

---

13. HEIDEGGER, M. "Meu caminho para a fenomenologia". *Sobre a questão do pensamento*. Op. cit., p. 85.

14. Cf. COTTEN, J.-P. *Heidegger* – Écrivains de toujours. Paris: Seuil, 1974.

15. POLT, R. *Heidegger an introduction*. Nova York: Cornell University Press, 1999, p. 13.

Não obstante suas afinidades com esses, o caminho de Heidegger à fenomenologia e à hermenêutica ainda seria precedido de uma experiência junto ao "neokantismo" de Baden[16].

Nos primeiros anos da década de 1910, Heidegger parece satisfeito ao frequentar as aulas de filosofia e, sobretudo, os seminários privados de Heinrich Rickert, não só porque estava em contato com um dos mais respeitados mestres filósofos da Alemanha (e de outros indivíduos de qualidades excepcionais, como o pupilo dileto de Rickert, Emil Lask), quanto porque:

> Na nova escola, vim a conhecer os problemas filosóficos, antes de tudo, como problemas e iniciei-me na natureza da lógica, ou seja, aquela disciplina que até hoje me interessou especialmente. Ao mesmo tempo, obtive o conhecimento correto da mais recente filosofia, desde Kant, que se encontrava insuficientemente referida e tratada, na literatura escolástica. Com o tempo, reconheci que a exploração e utilização do ideário, nela assente, era

---

16. A escola neokantiana de Baden – associada aos nomes de Wilhelm Windelband e Heinrich Rickert – constitui o esforço de apropriação do legado filosófico de Immanuel Kant após o surto dos megassistemas idealistas (Fichte-Schelling-Hegel). Atuante principalmente nas primeiras décadas do século XX, ao lado da Escola de Marburg (para a qual os nomes de Paul Natorp e Hermann Cohen são referenciais), suas ideias são marcadas por uma orientação crítica própria à filosofia kantiana.

exatamente produtivo. Por conseguinte, na minha tese sobre *A doutrina do juízo no psicologismo*, procurei encontrar um fundamento para futuras investigações, relativas a um problema central da lógica e da teoria do conhecimento, sob uma orientação pela lógica moderna e os juízos fundamentais aristotélicos-escolásticos[17].

O trabalho sério desenvolvido próximo a Rickert fizera com que Heidegger crescesse academicamente. Assim, em 1915, Heidegger obtém sua livre-docência com a tese *A doutrina das categorias da significação em Duns Scotus*, tendo formalmente Rickert como seu supervisor (embora o trabalho tenha sido de fato orientado por Engelbert Krebs, um dos muitos professores assistentes que gravitavam na órbita do ilustre catedrático).

Por mais que Heidegger tenha dado mostras de sua competência científica, esta não sensibilizara Rickert que interpretava o *teísmo* dos seus primeiros trabalhos como um traço confessional católico. O estigma de partidário da escolástica perduraria mesmo depois da transferência de Rickert para a Universidade de Heidelberg, onde passou a ocupar a cátedra de Wilhelm Windelband. Assumindo o posto de Rickert, também o recém-chegado de

_____

17. Apud OTT, H. *Martin Heidegger, a caminho de sua biografia*. Op. cit., p. 90.

Göttingen – Edmund Husserl – se manteve frígido em relação a Heidegger, apesar da insistente campanha que o historiador católico Heinrich Finke desenvolvia em favor de seu ex-aluno.

Os anos 1915-1917 foram adversos para o jovem Heidegger, afinal, mais penoso do que o afastamento das atividades acadêmicas por força do serviço militar durante a Primeira Guerra Mundial, foi ter que aguardar, pressuroso (e se sentindo negligenciado), o jogo administrativo da universidade (eivado de influências políticas e idiossincráticas) virar em favor de seu pleito a uma vaga de professor desde que se tornara livre-docente. Nesse período, parece que um dos poucos momentos amenos na vida de nosso filósofo teria sido o casamento com a jovem luterana e acadêmica de economia Elfride Petri (esta que seria mãe de seus dois filhos Jörg e Hermann Heidegger). Simples e repentino, o casamento foi, mesmo assim, motivo de alegria e conforto para Heidegger, como se verifica na *carta de 12 de dezembro de 1915*, à esposa:

> Uma imensa alegria me aterra – depois de tudo, são justamente as essências filosóficas as que experimentam em toda sua plenitude uma alegria tão pouco comum. O filósofo vê o último em todas as coisas, as primeiras causas de todo ente, e treme com esta estranha alegria nascida de Deus – *minha alminha amada*, aceito

este prodígio, que talvez seja mais profundo do que chamamos de alegria, com ardente veneração [...][18].

O casamento misto de Heidegger desapontou a comunidade católica que entendeu não apenas ter perdido um potencial clérigo quanto um defensor da doutrina; por outro lado, o enlace repercutiu de modo positivo no meio universitário, sugerindo (inclusive para Husserl) que Heidegger não estaria mais tão atavicamente ligado à filosofia do catolicismo[19]. Isso, aliado às recomendações de Paul Natorp àquele candidato, e ao estado de fragilidade emocional de Husserl, que perdera na guerra um filho com idade aproximada a de Heidegger, contribui para que a indiferença glacial de Husserl em relação a Heidegger "derretesse".

A partir de 1918 é outro o quadro que encontramos: Heidegger, que desde 1916 fazia o périplo em torno ao seleto grupo de Husserl, não apenas havia chegado nele quanto já estava inteiramente ambientado ao mesmo. O jovem e ambicioso filósofo dava à comunidade fenomenológica mostras

---

18. HEIDEGGER, M. ¡Alma mia! – Cartas a su mujer Elfride – 1915-1970. Buenos Aires: Manantial, 2008, p. 40 [Org. Gertrud Heidegger] [Trad. Sebastián Sfriso].

19. Cf. SHEEHAN, T. "Reading a life: Heidegger and hard times". In: GUIGNON, C. (org.). Cambridge Companion to Heidegger. Nova York: Cambridge University Press, 1993, p. 45-77.

da familiaridade de dez anos de leituras das *Investigações lógicas*, impressionando Husserl com sua aplicação nos estudos e com o alto nível que imprimia aos questionamentos e diálogos durante os seminários. Isso faria com que:

> Em 1919, passasse a me dedicar pessoalmente às atividades docentes na proximidade de Husserl; nestas, aprendia o ver fenomenológico, nele me exercitando e ao mesmo tempo experimentando uma nova compreensão de Aristóteles; foi aí que meu interesse se voltou novamente às *Investigações lógicas*, sobretudo à "Sexta investigação" da primeira edição. A distinção que Husserl aí constrói entre a intuição sensível e a intuição categorial revelou-me seu alcance para determinar a "múltipla significação do ente"[20].

A década de 1920, de modo geral, será extremamente fecunda para Heidegger. Suas refinadas leituras dos filósofos gregos (especialmente Aristóteles), elaboradas com base na fenomenologia, atrairá não apenas jovens acadêmicos de todos os cantos (p. ex., Fritz Kaufmann, Hans-Georg Gadamer, Herbert Marcuse, Oskar Becker...), quanto também sumidades como o filólogo clássico Werner Jaeger

---

20. HEIDEGGER, M. "Meu caminho para a fenomenologia". *Sobre a questão do pensamento*. Op. cit., p. 90.

e o célebre sociólogo Max Weber[21]. Protocolos e fragmentos de preleções didáticas como *Fenomenologia da vida religiosa* (1920-1921), *Interpretações fenomenológicas de Aristóteles* (1921-1922), *Ontologia – Hermenêutica da facticidade* (1923), *Platão – Sofista* (1924-1925), *Prolegômenos para uma história do conceito de tempo* (1925) e *Lógica – A questão da verdade* (1925-1926) trocavam informalmente de mãos entre os estudantes e já começava a se proliferar "o rumor em torno do jovem filósofo revolucionário que estava desempenhando o papel de assistente junto de Husserl"[22] e de que, com ele, o pensamento perderia o caráter vetusto emprestado pela filosofia professoral para se tornar "de novo possível"[23].

Estes são sinais de que Heidegger despontava como membro expoente do círculo fenomenológico de Husserl, a ponto de o mestre tratá-lo "quase de igual para igual como colaborador no

---

21. Cf. GADAMER, H.-G. (org.). "Charles Guignon 'Un écrit 'theologique' de jeunesse'". *Interprétations phénoménologiques d'Aristóteles*. Paris, 1976 [Trad. J.-F. Courtine].

22. GADAMER, H.-G. "Lembranças dos momentos iniciais de Heidegger". *Hermenêutica em retrospectiva*. Petrópolis: Vozes, 2012, p. 11 [Trad. Marco Antônio Casanova].

23. Cf. ARENDT, H. "Martin Heidegger cumple ochenta años (1969)". In: VOLPI, F. (org.). *Sobre Heidegger* – Cinco voces judías. Buenos Aires: Manantial, 2008 [Trad. Bernardo Ainbinder].

grande projeto filosófico da fenomenologia"[24]. A notabilidade sobre os demais colaboradores do projeto fenomenológico husserliano deixará de ser uma impressão para ser uma incontornável evidência em 1927, com o aparecimento de *Ser e tempo*, a principal obra de Heidegger. É isso que nos assegura Edith Stein (outrora figura de proa no movimento fenomenológico além de assistente particular de Husserl) em uma carta ao crítico de arte e também fenomenólogo Roman Ingarden:

> Que Heidegger é uma eminência e pode meter a todos nós no bolso, também eu acredito apoiando-me em seu livro. Antes não sabia, somente via os efeitos, ou seja, sua tamanha influência sobre a geração jovem. Li o livro em sua maior parte durante as férias, mas não pude terminá-lo. [...] Não sei como se sente Husserl com as grandes diferenças"[25].

Já indicamos o que Stein tem em mente quando se refere à influência de Heidegger sobre os jovens estudantes, mas o que ela pretende ao aludir divergências frente a Husserl? O Husserl que Heidegger conhece em 1916 já não era mais o

---

24. SAFRANSKI, R. *Heidegger* – Um mestre na Alemanha entre o bem e o mal. Op. cit., p. 101.

25. STEIN, E. *La filosofia existencial de Martin Heidegger.* Madri: Minima Trotta, 2010, p. 16

autor das *Investigações lógicas* (1900). Na data desse contato, Husserl já havia escrito suas *Ideias para uma fenomenologia pura e para uma filosofia fenomenológica* (1910-1913)[26], isso significava que suas pesquisas já se encontravam em outro nível de desenvolvimento, a ponto de Heidegger avaliar que, para Husserl, as *"Investigações lógicas* haviam permanecido como que neutras do ponto de vista filosófico"[27] e que "ele próprio (Husserl) não mais se sentia ligado às *Investigações lógicas*"[28].

Em seu *Ideias*, Husserl almeja atingir um conhecimento incontestável fundado na evidência fenomenológica de uma verdade imutável e absoluta. O filósofo supõe poder encontrar este núcleo de verdade fundamental na consciência humana. Husserl, assim, reverte o ver fenomenológico à consciência, propondo uma investigação sobre como certas estruturas da consciência estariam envolvidas no conhecimento. Tal fenomenologia transcendental atuaria com rigores quase matemáticos em sua pretensão de obter a essência verdade do conhecimento em substâncias inalteráveis e eternas, julgando, assim, poder prescindir do hori-

---

26. Doravante referido com a abreviatura *Ideias*.

27. HEIDEGGER, M. "Meu caminho para a fenomenologia". In: *Sobre a questão do pensamento*. Op. cit., p. 88.

28. Ibid., p. 90.

zonte histórico ao empreender uma filosofia *pura, perene*[29].

Ora, desde 1913, Heidegger já tinha elementos para compreender a inviabilidade de uma proposta como essa, afinal:

> Os estudos de Fichte e Hegel, a ocupação pormenorizada com Rickert, *Limites para a formação de conceitos nas ciências naturais* e as investigações de Dilthey e, em grande parte, as aulas do conselheiro Finke no seminário tiveram como conse-quência que fosse escrupulosamente des-truída minha aversão à história, fomentada pelo período em que estudei matemática. Reconheci que a filosofia não podia orien-tar-se de forma exclusivamente matemá-tica e segundo as ciências naturais, nem pela história, podendo a última, como história do espírito, certamente estimular muito mais os filósofos[30].

Para Heidegger, a repulsa husserliana do com-ponente histórico da filosofia (provocada pelo re-ceio de associar-se ao *historicismo*, que, para Hus-serl significava uma entrada no relativismo histó-rico), vinha em decorrência de uma inconsistência

___

29. Pormenores do projeto da fenomenologia transcendental de Husserl não cabem aqui.

30. Apud OTT, H. *Martin Heidegger, a caminho de sua biografia.* Op. cit., p. 90.

ainda maior da fenomenologia madura de Husserl. Isso porque, propugnar uma filosofia transcendental, ainda que esta contasse com um *modus operandi* fenomenológico, seria transigir com resquícios da concepção de sujeito, tal como este foi pensado tradicional e veementemente combatido pela própria fenomenologia das *Investigações lógicas*. Para Heidegger, pensar em uma subjetividade fenomenológica transcendental, como propunha Husserl em seu *Ideias*, se não fosse um retorno problemático a uma filosofia radicada em solo subjetivo (como constava na agenda de Descartes e de Leibniz), seria uma exposição ao risco da concepção metafísica de sujeito – já superada pela fenomenologia – novamente se infiltrar na ordem dos questionamentos, o que Heidegger consideraria um retrocesso, ou, em seus próprios termos:

> A "fenomenologia pura" é a "ciência básica" da filosofia por ela marcada. "Pura" significa: "fenomenologia transcendental". "Transcendental" é a "subjetividade" do sujeito que conhece, age e valora. Ambos os títulos "subjetividade" e "transcendental" indicam que a "fenomenologia" se encaminhava, consciente e decididamente, na esteira da tradição da filosofia moderna [...][31].

---

31. HEIDEGGER, M. "Meu caminho para a fenomenologia". *Sobre a questão do pensamento*. Op. cit., p. 88.

As objeções de Heidegger a Husserl, formuladas sempre em vista da questão ontológica que lhe importa desde os anos do ginásio, são seguidas da insinuação de que a fenomenologia, em vez de um retorno ao transcendental, deveria dedicar-se ao esclarecimento do *ser* da consciência, tomando-a segundo a existência humana em sua dimensão mais originária, ou seja, aquilo que Heidegger chamará de "ser-aí" (*Dasein*). Uma fenomenologia do ser-aí é o que veremos em *Ser e tempo*, obra que não apenas chancela a precoce maturidade de Heidegger, quanto o ressentido afastamento do convívio com seu mestre. A versão de Heidegger para o evento sugere um ato unilateral de Husserl contra aqueles que constituiriam dissidências ao projeto da fenomenologia ou, em suas palavras:

> As diferenças em relação ao próprio fundo das questões acentuaram-se. Husserl tomou a iniciativa [...] de um ajuste de contas público com Max Scheler e comigo, de uma maneira que não podia ser mais clara. O que levou Husserl a tomar posição de forma tão pública contra o meu pensamento, não saberia dizer[32].

---

32. HEIDEGGER, M. Entrevista a *Der Spiegel*. In: *Escritos políticos* – 1933-1966. Lisboa: Instituto Piaget, 1994, p. 223 [Trad. José Pedro Cabrera].

Além da edição de *Ser e tempo*, em 1927[33], a segunda metade da década de 1920 é marcada também pela edição de outra importante obra de Heidegger: *Kant e o problema da metafísica* (1929), obra que, na data de sua publicação, provocou um acalorado debate entre Heidegger e Ernst Cassirer (neokantiano extremamente respeitado cujo trabalho sintetizava originalmente as filosofias de Baden e de Marburg). Embora este não tenha sido um período de muitas publicações, a produção de Heidegger, voltada para a sala de aula, gerou uma série de preleções didáticas, entre elas: *Conceitos fundamentais da filosofia antiga* (1926), *Os problemas fundamentais da fenomenologia* (1927), *Interpretação fenomenológica da* Crítica da razão pura, *de Kant* (1927-1928), *Fundamentos metafísicos da lógica de Leibniz (1928), Introdução à filosofia* (1928-1929) e *Conceitos fundamentais da metafísica – Mundo-finitude-solidão* (1929-1930).

Enquanto na década de 1920, apesar de sua notoriedade acadêmica, Heidegger conserva uma conduta recatada (preferindo passar as temporadas de férias serenamente com a família na pe-

---

33. *Ser e tempo* veio a público em 1927, quando Heidegger tinha apenas 37 anos, na separata ao vol. 8 do *Anuário de fenomenologia e pesquisa fenomenológica* (*Jahrbuch für Phänomenologie und phänomenologische Forschung*), publicação editada pelo próprio Husserl. A obra, em caráter inacabado, ainda anunciava duas outras partes que nunca foram levadas a cabo.

quena cabana campestre, que construíra em 1922 na sua aldeia natal, aos banquetes para os figurões da universidade e outros eventos sociais), não há outra qualificação para os efeitos da década de 1930 sobre a vida pública de Heidegger senão a de *turbulenta*.

Do ponto de vista filosófico, o principal evento deste decênio será o esforço por garantir alguns dos principais achados fenomenológicos de *Ser e tempo* e de, por fim, reformular diretrizes daquele projeto que, dando mostras de inconsistência, impediam os desenvolvimentos de suas pesquisas ontológicas. Com efeito, o que se chamou de "viragem" (*Kehre*) do pensamento de Heidegger consiste no resultado de uma autocrítica intrínseca que empreendeu uma radicalização dos saldos de *Ser e tempo* num terreno ainda mais originário do que o da existência (prevemos para o corpo da *Décima lição* o esclarecimento do que está em jogo aqui). O fruto deste reposicionamento implicará uma nova visada e se expressará em uma nova conceitualidade. Essa etapa do pensamento de Heidegger, especialmente depois de preleções decisivas como *Hölderlin e a essência da poesia* (1936) e *Nietzsche* (1936-1939), abre espaço para que temas como o "niilismo", a "técnica moderna", a "superação da metafísica", a "historicidade do *ser*" e o "acontecimento apropriativo" (*Ereignis*) se fixem definitivamente no horizonte do pensamento heideggeriano. Não desejando empanar o brilho de textos de cursos datados dos primeiros anos desse decênio, ao exemplo: *Metafísica de Aristóteles θ 1-3: Sobre a essência e realidade da força* (1931) e *A doutrina de Platão sobre a verdade* (obra de 1931-1932, apenas publicada em 1940), julgamos ainda mais relevante ressaltar que um sem-número de fragmentos redigidos nessa época seria posteriormente compendiado constituindo o núcleo-duro da filosofia tardia de Heidegger, entre eles: *Contribuições à filosofia – Do acontecimento apropriativo* (1936-1938), *Superação da metafísica* (1936-1946) e *Meditação* (1938-1939).

Do ponto de vista extrafilosófico, as muitas tensões políticas e sociais em épocas de ascensão do nacional-socialismo ao poder na Alemanha interfeririam na vida universitária de Heidegger. Sem possuir o distanciamento histórico que hoje possuímos para ajuizar sobre aquele fenômeno totalitário, Heidegger fez-se simpático à política nazista, vendo-se, mais tarde, instado a assumir o cargo de reitor da *Universidade Albert Ludwig de Friburgo*, em Breisgau, onde lecionava.

> No mês de abril de 1933, fui eleito reitor por unanimidade (com duas abstenções) pelo *plenum* da universidade, e não, como ainda hoje se espalha, instalado no cargo pelo ministro nacional-socialista. A candi-

datura a essa eleição, e a própria eleição, aceitei sob a pressão reiterada dos diversos círculos de colegas, e em particular a pedido insistente de meu predecessor no cargo, Von Möllendorff. Antes, nunca tinha aspirado a nenhum cargo administrativo universitário, nem tinha cumprido quaisquer funções desse tipo. Nunca tinha igualmente pertencido a nenhum partido político e, acima de tudo, não mantinha qualquer tipo de relações nem pessoais, nem práticas, com o Partido Nacional-Socialista Trabalhador Alemão e os serviços governamentais. Assumi o reitorado com muitas reticências, e unicamente no interesse da universidade[34].

Esse breve engajamento (de 27 de maio de 1933 a 23 de abril de 1934) sobreveio como embaraço para sua carreira, pois a *Comissão de Desnazificação da Alemanha* suspeitava que o episódio fosse colaboração com o *Terceiro Reich*, o que, agravado pela visibilidade internacional de Heidegger, renderia ao mesmo, em 1945, a suspensão compulsória de suas funções docentes (*Lehrverbot*) e a proibição de publicar livros enquanto não fosse apurado o teor das suas relações com o regime.

---

34. HEIDEGGER. M. "Carta ao reitorado acadêmico da Universidade Albert Ludwig de Freiburg-Am-Breisgau (datada de 4 de novembro de 1945)". *Escritos políticos – 1933-1966*. Op. cit., p. 171-178.

Durante esse período, Heidegger isolou-se em Messkirch e, além da apreensiva espera dos dois filhos feitos prisioneiros de guerra pelos russos, amargava a solidão e o impedimento de proferir conferências. Um alento nesse período foi o início da amizade com o francês Jean Beaufret. Com este, Heidegger passa a se corresponder e, nessa correspondência, vem a lume a *Carta sobre o humanismo* (1946), primeira manifestação pública de Heidegger em anos, na qual revisita alguns pontos de sua obra, aproveitando para delimitar diferenças frente ao emergente existencialismo francês. O convívio com o poeta René Char (que lhe foi apresentado por Beaufret em 1946) também foi ocasião para uma nova aproximação da filosofia de Heidegger à poesia. Por fim, o contato com o psicanalista suíço Medard Boss em 1947 constitui outro momento feliz nesses difíceis anos de ostracismo. Em visitas regulares à cidade de Zollikon (Suíça) até o ano de 1969, Heidegger apresentou na forma de seminários uma síntese da suas ideias, encontros que emularam a apropriação da filosofia de Heidegger na chave de uma psicologia em bases fenomenológico-existenciais, a "Daseinanálise".

Quando em 1949 o relatório da Comissão conclui que fora pouco significativo o envolvimento que o Heidegger reitor tivera com o nacional-socialismo, revogou-se seu *non imprimatur* e este foi reconduzido a suas atribuições docentes, retornando à sala de aula no semestre de 1951-1952. Na década de 1950, Heidegger reafirma a originalidade de sua filosofia ao oferecer no semestre de inverno de 1955-1956, a preleção *O princípio de razão*, talvez um de seus mais bem-elaborados cursos.

Após uma vida longa e produtiva, Heidegger morreu em uma manhã de maio no ano de 1976. Seu corpo foi sepultado dois dias depois (28/05), em sua terra natal, numa cerimônia católica conduzida, atendendo seu desejo, pelo teólogo e Professor Berhard Welte, de Friburgo[35]. Dois anos após a sua morte, seus inúmeros textos inéditos passaram a ser publicados na forma de *Obras Completas* (*Gesamtausgabe*), o que deu início a uma nova e importante fase de recepção de sua filosofia.

Um relato de vida e obra: tentativa de compreender as manifestações de um individual. Mas o que aqui se expressou tornaria possível que conhecêssemos quem foi Heidegger? Teríamos conquistado uma compreensão da biobibliografia do filósofo apreciando essas notas de sua existência histórica? Estamos convictos de que o registro dessa existência, mesmo feito a partir do relato de quem experimentou seus comportamentos, exigências e decisões, nos faculta, quando muito, *conjeturas*

---

35. Cf. SAFRANSKI, R. *Heidegger* – Um mestre na Alemanha entre o bem e o mal. Op. cit.

plausíveis. Restritos a interpretação de circunstân-
cias e significados sem o acesso ao âmbito dos projetos de sentido dessa existência, talvez tenhamos
somente uma leitura unilateral dessas manifestações existenciais. Destarte, uma biografia – por
melhor que seja – sempre enuncia parcialmente a
essência do biografado. Talvez um epigrama poético de Heidegger diga, ao fim, mais de seu autor do
que esse perfil biográfico:

> Caminho e balança,
> Ponte e palavra
> encontram-se em uma passagem.

> Vai e leva consigo
> Erro e questão
> ao longo de sua senda[36].

---

36. "Weg und Waage, / Steg und Sage / finden sich in einen Gang. /
Geh und trage / Fehl und Frage / deinen einen Pfad entlang" (HEI-
DEGGER, M. *Aus der Erfahrung des Denkens*. Stuttgart: Neske
Verlag, 1976, p. 5 [Tradução do autor].

Segunda lição

Martin Heidegger, filósofo "serista"

No ano de 1945, logo após a Segunda Grande Guerra, Jean-Paul Sartre profere sua conferência *O existencialismo é um humanismo* diante de uma França ainda impactada pelo conflito. O texto de Sartre – que logo se tornaria célebre – pretendia tornar compreensíveis algumas das mais badaladas premissas dessa corrente e, antes de tudo, esclarecer o que, afinal, seria o existencialismo e como ele poderia se constituir na chave de um *humanismo laico*. Tratado como um modo de pensar que aborda problemas filosóficos a partir de experiências possíveis na existência, Sartre não apenas classifica quanto nomeia duas espécies de filósofos existencialistas: "Os primeiros, que são cristãos, e entre eles eu incluiria Jaspers e Gabriel Marcel, de confissão católica; de outra parte, os existencialistas ateus, entre os quais é preciso incluir Heidegger, os existencialistas franceses e a mim mesmo"[37]. Foi imediata a rejeição a essa tipificação. Jaspers reputaria tal escola "a morte da filosofia da existência"[38] e Heidegger, por sua vez, "falou em um de seus cursos contra aquilo que se chamava existencialismo"[39].

Quem frequentou as aulas do professor teuto--brasileiro Gerd Bornheim[40] certamente se lembrará de tê-lo ouvido contar um de seus muitos encontros com Gaston Bachelard, e que, desse espirituoso epistemólogo francês, teria ouvido que Heidegger realmente não seria um filósofo *existencialista*, mas que este era um filósofo *"serista"* (*êtriste*)[41]. Mesmo em tom jocoso, não deixa de ser significativo o reforço de Bachelard a algo que o próprio

---

37. SARTRE, J.-P. *L'Existencialisme est un humanisme*. Paris: Nagel, 1965, p. 16-17.

38. WAHL, J. *Petite histoire de l'existencialisme*. Paris: Club Maintenant, 1947, p. 12.

39. Ibid.

40. Cf. BORNHEIM, G.A. *Filosofia da arte, I*. Rio de Janeiro: PPGFIL-Uerj, 2001, p. 12 [Protocolos de aula]. Essas informações orais sobre o posicionamento de Heidegger se ratificam formalmente na seguinte afirmativa de nosso comentarista: "Todo o pensamento de Heidegger é comandado por apenas uma questão essencial: a do ser" (BORNHEIM, G.A. *L'Etre et le temps*. Paris: Hatier, 1976, p. 6.

41. Um reforço a esta posição se vê em DREYFUS, H.L. & WRATHALL, M.A. "Uma breve introdução à fenomenologia e ao existencialismo". In: DREYFUS, H.L. & WRATHALL, M.A. (orgs.). *Fenomenologia e existencialismo*. São Paulo: Loyola, 2012, p. 15 [Trad. Cecília Camargo Bartalotti; Luciana Pudenzi].

Heidegger já dissera reiteradas vezes, de diversos modos, em vários textos de diferentes períodos de sua lavra: "A pergunta pelo sentido do ser [...] é e continua sendo *minha* questão e minha *única* questão, uma vez que vale para o que é *o mais único*"[42].

Com essa declaração, é possível adiantar que, tal como formulado por Heidegger, o questionamento do *ser* passa transversalmente pela filosofia da existência, mas essa transversalidade não é bastante para restringirmos Heidegger a "filósofo da existência", tampouco a "existencialista"[43]. Dizen-

---

42. HEIDEGGER, M. "Beiträge zur Philosophie (Vom Ereignis)". In: *Gesamtausgabe*. Vol. 65. Frankfurt am Main: Vittorio Klostermann, 2003, p. 10. Podemos aludir à carta *Sobre o humanismo* (1946) como outro texto no qual Heidegger demarca sua posição.

43. A distinção se estabelece pelo fato de o existencialismo guardar peculiaridades frente à filosofia existencial (a do filósofo dinamarquês Søren Kierkegaard, p. ex.). O existencialismo é um fenômeno eminentemente francês e pretende repensar, dando respostas produtivas, uma Europa combalida pelo conflito mundial. Assim, o existencialismo traz o *pathos* da audácia na edificação de uma nova moral em detrimento de valores decaídos (há algo de insurgência e de escândalo em seu projeto). Não se pode, afinal, ignorar o fato de os articulistas dessa corrente serem os mesmos que viveram na pele os horrores da guerra, o que faz com que a descrença frente às instituições, o questionamento pelos limites da liberdade, a perplexidade diante da absurdidade da vida, da brutalidade do destino, da fragilidade humana, do vazio dos significados; isso tudo acrescido de boa dose de ironia, fastio e pessimismo no tocante às relações humanas estejam presentes em suas ideias. Tais traços, definitivamente, não são encontrados na filosofia de Heidegger e, se algum paralelismo fosse possível do existencialismo com a Alemanha de nosso filósofo, arriscaríamos poder estabelecê-lo, de longe, com o gênero e o estilo literário do

do de modo ainda mais claro: Heidegger não é um filósofo existencial ou, pelo menos, o fulcro de sua filosofia não está na existência[44]. Em sua obra, uma descrição fenomenológica da existência apenas nos faculta acesso a uma compreensão de *ser*, a uma compreensão do sentido do *ser*[45].

Entendendo a *questão ontológica* como a mais originária das questões, justamente por estar implícita na base de qualquer conhecimento possível, Heidegger busca revitalizá-la em uma época na qual (sob influência do materialismo de Friedrich Albert Lange e a filosofia dos valores, desde a *sui generis* de Georg Simmel até a consagrada pelos neokantianos) achava-se poder preterir a mesma por julgá-la uma fantasmagoria. Ora, é justamente nas alegações de que o *ser* é o conceito mais universal, indefinível e evidente por si mesmo, usadas para desqualificar qualquer retomada do

---

Grupo 47, ao qual estão enredados Friedrich Dürrenmatt, Günter Grass, Heinrich Böll e Siegfried Lenz.

44. O fato de Lévinas também ser dessa opinião denota que é claro que para os mais expoentes intérpretes de Heidegger: "(o problema ontológico) é o problema mais fundamental da filosofia heideggeriana" LÉVINAS, E. "Martin Heidegger e a ontologia". *Descobrindo a existência com Husserl e Heidegger*. Lisboa: Piaget, 1997, p. 72 [Trad. Fernanda Oliveira].

45. KAUFMANN, W. "Heidegger's Castle". *From Shakespeare to Existentialism*. Nova Jersey/Princeton: Princeton University Press, 1980, p. 339-370.

tema[46], que Heidegger encontrará indícios de que a ontologia tradicional deixou impensado o que havia de mais fundamental no *ser*, e isso significaria dizer que mesmo a filosofia platônico-aristotélica, e seus desdobramentos medievais junto aos escolásticos até a modernidade tardia com Hegel, não a teriam conduzido a um termo satisfatório. Isso porque, toda vez que a filosofia (= tradição metafísica) foi ao *ser*, já sempre o interpretou equivocamente como também um ente (= uma coisa que é), um ente supremo, supostamente mais fundamental (um "super-ente" se assim desejássemos), mas que, ainda assim, traria determinações ônticas, i.e., de ente. Isso resultaria em uma resposta inadequada a uma boa pergunta? Não chegaria a tanto, tratar-se-ia de uma tentativa de responder algo sobre o *ser*, quando o modo de questionar aponta para um ente. Deste modo, em toda pretensa resposta que a tradição deu com o propósito de determinar o *ser* (seja ela a *ideia*, a *substância*, a *essência* ou que outro nome a filosofia elegeu para designá-lo), ainda é possível identificar um critério que remonta à medida do *ente*, e isso fica a um passo da experiência ontológica originária[47].

---

46. Heidegger, já no § 1 de sua obra capital, faz um apanhado dessas objeções. Cf. HEIDEGGER, M. *Ser e tempo*. Campinas/ Petrópolis: Unicamp/Vozes, 2012 [Trad. Fausto Castilho].

47. Cf. TUGENDHAT, E. "Heidegger Seinsfrage". *Philosophische Aufsätze*. Frankfurt am Main: Suhrkamp, 1992, p. 108-135.

Ciente disso, Heidegger pretende reabilitar a questão do *ser*, mas isso não significa apenas repetir um problema repisando os caminhos dos autores que o antecederam, tampouco a elaboração de uma megaontologia que, melhor aparatando os velhos expedientes da metafísica, amplificasse seu alcance. A retomada dessa questão, por Heidegger, se perfaz como *ontologia fundamental*, esta é uma investigação que pretende conduzir a discussão acerca da necessidade explícita de repetir a questão do *ser* na inquirição de seu *sentido*[48].

Poderíamos perguntar: O que muda quando se questiona o *sentido do ser* em vez de apenas *o ser*? Qual o diferencial dessa nova formulação da mesma questão frente às anteriores? O que há de fundamental em pensar o *sentido do ser*? Ora, falar em *sentido de ser* faz toda a diferença, pois, ao se voltar para pensar o *ser* em seu sentido, Heidegger evita os problemas contidos na maneira canônica de se fazer ontologia. Voltando-se ao modo com que o *ser* se apresentaria a nós, nosso filósofo evidencia que *ser* não é um ente, e que apenas se nos apresentaria mediado pela compreensão que já fazemos de seu significado. Heidegger se con-

---

48. Cf. GRONDIN, J. "Die Wiedererweckung der Seinsfrage auf dem Weg einer phänomenologisch-hermeneutischen Destruktion". In: RENTSCH, T. (org.). *Martin Heidegger* – Sein und Zeit. Berlim: Akademie, 2007, p. 1-28.

centra, portanto, na copertinência entre *ser* e sua compreensão possível.

Mas onde, afinal, teríamos acesso ao *ser* para, desde aí, compreendê-lo? Como compreenderíamos seu significado? Para a investigação fenomenológica de Heidegger, a "compreensão" (*Verstehen*) é um traço existencial da experiência humana e[49], por meio dela, abre-se um espaço significativo no interior do qual *algo* pode ser concebido *como algo* (concretamente: é desde compreensão que uma pedra de giz pode ser tomada *como* utensílio de aula, uma caneta *como* instrumento de escritório). É, assim, na abertura da compreensão, consoante à dinâmica da existência humana, que os sentidos permitem que os entes signifiquem o que sejam, sendo compreendidos enquanto entes.

Mas o que compreenderíamos por sentido? Para Heidegger, "sentido" (*Sinn*) é o que se projeta num espaço compreensivo permitindo que as significações dos entes dele derivem. Os entes, portanto, *sempre são compreendidos desde um determinado sentido* como o que significam[50]. Deste modo, se a investigação de Heidegger se pretende ontologia fundamental, o sentido projetado na compreensão

---

49. GADAMER, H.-G. *Hermenêutica em retrospectiva*. Petrópolis: Vozes, 2012, p. 22 [Trad. Marco Antônio Casanova].

50. Cf. FIGAL, G. *Zu Heidegger* – Anworten und Fragen. Frankfurt: Vittorio Klostermann, 2009.

existencial é determinante do sentido do *ser como* o *ser* de um determinado *ente*. Implica dizer que, para Heidegger, apenas a partir de uma compreensão de *ser*, um questionamento mais radical a seu respeito se viabiliza, ou ainda, somente porque se compreende *ser* é que há propósito em fazer ontologia[51]. Se assumirmos, então, que a ontologia fundamental depende de uma compreensão de *ser*, seria aceitável supor a necessidade de pensar aquele que compreende *ser*. Afinal: "é porque o homem compreende o ser que ele interessa à ontologia. O estudo do homem vai descortinar-nos o horizonte no interior do qual se coloca o problema do *ser*, pois é nele que *se dá a compreensão do ser*"[52]. Pensar o ente que compreende *ser* significa, nesse caso, indagar pelo solo existencial no qual essa compreensão se enraíza. Isso apenas se realizaria em um exame existencial do ser que somos, tarefa preparatória à ontologia fundamental[53].

---

51. HEIDEGGER, M. *Ser e tempo.* Op. cit., p. 111.

52. LÉVINAS, E. "Martin Heidegger e a ontologia". *Descobrindo a existência com Husserl e Heidegger.* Op. cit., p. 74.

53. Também Tugendhat nos oferece uma exemplar apresentação da fenomenologia de Heidegger. Embora ela ainda não esteja disponível ao leitor de língua portuguesa, a mesma se faz altamente recomendável aos conhecedores de alemão. Cf. TUGENDHAT, E. *Der Wahrheitsbegriff bei Husserl und Heidegger.* Berlim: Walter de Gruyter, 1972.

Antes, porém, da caracterização do projeto heideggeriano de uma *analítica existencial* (investigação de Heidegger que busca descrever fenomenologicamente o ente que compreende *ser* a partir de seus traços ontológico-existenciais, desde a qual conquistaremos elementos para melhor caracterizar a filosofia de Heidegger) será necessário apresentar pontos que até aqui estiveram implícitos. A *fenomenologia atitudinal,* a *hermenêutica da facticidade* e o *projeto desconstrucionista da metafísica* orientam a investigação de Heidegger sobre o sentido do *ser* e serão, respectivamente, temas das três próximas lições.

Terceira lição

A fenomenologia entre o metódico e o atitudinal

Discorrendo sobre a biografia de nosso autor, em nossa *Primeira lição* vimos que o jovem Heidegger fora apresentado, por meio da distinta dissertação de Franz Brentano sobre Aristóteles, àquela questão que seria o escopo mais primordial de seu pensamento[54]. O mesmo interesse por Brentano também teria levado nosso filósofo à fenomenologia de Edmund Husserl[55], esta que lhe "abrira os

---

54. A relação da psicologia de Brentano com Aristóteles foi analisada de modo extremamente interessante por Volpi. Cf. VOLPI, F. "War Franz Brentano ein Aristoteliker? – Zu Brentanos und Aristoteles' Auffassung der Psychologie als Wissenschaft". In: BAUMGARTNER, W.; BURKARD, F.-P. & WIEDMANN, F. (orgs.). *Brentano Studien* – Internationales Jahrbuch der Franz Brentano Forchung. Vol. 2. Würzburg: Dr. Josef H. Röll Verlag, 1990, p. 13-30.

55. A relação entre Brentano e Husserl, no tocante à concepção de intencionalidade, pode ser encontrada detalhadamente em PRECHTL, P. "Die Struktur der 'Intentionalität' bei Brentano und Husserl". *Brentano Studien* – Internationales Jahrbuch der Franz Brentano Forchung. Op. cit., p. 117-130.

olhos"[56] ao mostrar que a genuína filosofia é feita menos de problemas (o que se restringiria a discussões teóricas) do que de questões (estas que surgem da interpelação das coisas que a nós se apresentam), amparando, assim, a formulação da pergunta pelo ser nos termos originais da ontologia fundamental[57].

Mas que papel a fenomenologia teria tido na empreitada filosófica de Heidegger? Como a filosofia rigorosa de Husserl teria colaborado com as investigações ontológicas de Heidegger? E, por fim, em que medida Heidegger se mantém fiel à fenomenologia husserliana ao tratar da questão do *ser*? Ora, para responder essas perguntas será necessário um breve olhar sobre a fenomenologia buscando sua caracterização, além da indicação dos pontos de confluência e divergência entre Heidegger e Husserl, pontos que até aqui estiveram apenas ensejados.

Tal como formulada nas *Investigações lógicas* de Husserl, a fenomenologia é, de início, um procedimento descritivo[58]. Assim, concentrando-se na "intencionalidade" (estrutura que, na *Psicologia de um ponto de vista empírico* de Brentano, dire-

---

56. HEIDEGGER, M. *Ontologia* – Hermenêutica da facticidade. Op. cit., p. 11.

57. Ibid.

58. Ibid., p. 77.

cionava atos de consciência a fenômenos necessariamente correlatos)[59], Husserl explorará mais radicalmente as potencialidades desta estrutura de base, evidenciando que a correspondência que ela estabelece, muito mais do que apenas vincular indissociavelmente uma figura de consciência a fenômenos a ela correlatos, seria constituinte de um espaço de manifestação destes fenômenos[60].

Para Husserl, no campo de fenômenos intencionalmente aberto, as coisas se deixariam ver sem qualquer interferência, o que tornaria possível expressar o que há de essencial nelas, permitindo descrevê-las tal como são no que aparecem, ou seja: *no fenômeno*. A fenomenologia é, assim, um modo de investigar a coisa contando exclusivamente com o modo com que ela é à medida que se mostra, de ver e "fazer ver a partir dele mesmo o que se mostra tal como ele por si mesmo se mostra"[61]. Ao constituir-se como uma pesquisa do modo de manifestação dos fenômenos, a fenomenologia vai às coisas visando imediatamente suas

---

59. Cf. BRENTANO, F. *Psychologie vom empirischen Standpunkt.* Hamburgo: Meiner, 1973, p. 124 [Org. Oskar Kraus].

60. Cf. HUSSERL, E. *Investigações lógicas* – Investigações para a fenomenologia e a teoria do conhecimento. Vol. II. Lisboa: Centro de Filosofia da Universidade de Lisboa, 2007 [Trad. Pedro M.S. Alves; Carlos Aurélio Morujão].

61. HEIDEGGER, M. *Ser e tempo.* Op. cit., p. 119.

"objetualidades" (*Objektualität*)[62], estas que, por sua vez, apenas são acessíveis como fenômenos por meio de uma espécie de intuição direta. Acontece, porém, que, normalmente, a consciência tende a ter a intencionalidade encoberta, o que provoca a obstrução dos fenômenos por juízos, preconceitos, hipóteses ou outros elementos aderidos *a posteriori*, resultando em interpretações ambíguas e simplórias do fenômeno e na desconsideração de seus campos fenomenais.

A fenomenologia, portanto, confronta a atitude natural de interpretar os fenômenos como coisas efetivamente dadas. Essa conduta *antinatural* da fenomenologia consiste em uma crítica fundamental à concepção de objeto em vigor na filosofia tradicional (o que demarca a diferença de posição da fenomenologia frente à teoria do conhecimento, ainda caudatária de uma doutrina dos juízos e das representações). Assim, quando a fenomenologia vai ao fenômeno, ela já o faz com o intuito de liberá-lo de uma miríade de interferências que obstruem seu modo mais fundamental de ser. As referidas obstruções, no âmbito da teoria do conhecimento, redundam em categorizações próprias a uma lógica de conteúdos resultante de uma evidência não fenomenológica (ingênua) do fenômeno.

---

62. Ibid.

No conjunto de apresentações que preparam a questão do *ser*, em *Ser e tempo*, Heidegger reserva o § 7 para uma conceituação preliminar da fenomenologia. Ali, o filósofo nos diz que a fenomenologia não é uma disciplina, uma perspectiva ou uma corrente de pensamento[63], antes seria um meio que nos conduz à evidência das coisas, facultando-nos uma apreensão das mesmas; uma via de acesso que resguardaria o modo com o qual as coisas se mostram *tal como são*. Heidegger compartilha com Husserl esses pontos e reconhece que a fenomenologia teria caráter primário e meramente metódico, isso porque, com Husserl, ela se atinha à convicção de que seria necessário obedecer aos passos de um método para reconduzir (ou, na terminologia de Husserl, "reduzir", do latim *reductio*) as coisas ao solo fenomenal desde o qual elas se expressam segundo suas essências.

Heidegger, no entanto, já na década de 1920, parece se distanciar da fenomenologia metódica ao insinuar que, para uma ontologia fundamental, mais eficiente do que a aplicação rigorosa do método seria uma atitude de permanente atenção aos indícios que os fenômenos nos fornecem ao se manifestarem. Por meio da atitude fenomenológica, acompanhando aquilo que chamará de "indicação

---

63. Ibid., p. 101.

formal" (*formale Anzeige*)[64], passa a ser possível a descrição fenomenológica a partir das referências dos fenômenos, pois tais anúncios se referem ao que há de originário no fenômeno, além de nos preservar do risco de desavisada adesão ao processo de conformação do fenômeno em objeto, como se tem na filosofia tradicional. Decisiva para o pensamento do jovem Heidegger, a atitude fenomenológica em vista das indicações traduz um modo de filosofar em sua[65] "*realização* atitudinal originária"[66].

A rígida divergência entre *método* e *atitude fenomenológica*, contudo, estaria longe de ser o único ou o mais significativo contraste entre Heidegger e Husserl quando o assunto é fenomenologia. Heidegger só subscreve a fenomenologia husserliana no estado da arte das *Investigações lógicas*, quando, ali, ela *suspende* os efeitos obstrutivos da atitude natural, *analisa* os laços intencionais entre a consciência e seus fenômenos, *elucida* os modos de relação entre consciência-fenômeno, *reconduz* os fenômenos ao seu solo fenomenal-originário e *descreve* a essência dos fenômenos, mas se distancia

---

64. Cf. HEIDEGGER, M. "Introdução à fenomenologia da religião". *Fenomenologia da vida religiosa*. Petrópolis: Vozes, 2010, p. 57 [Trad. Enio Paulo Giachini, Jairo Ferrandin, Renato Kirchner].

65. Ibid., p. 55.

66. Cf. PALMER, R.D. *Hermenêutica*. Lisboa: Ed. 70, 1986, p. 130 [Trad. Maria Luísa Ribeiro Ferreira].

dos novos encaminhamentos dados por seu mestre a partir dos anos de 1910.

Heidegger, conhecendo os termos das novas propostas de Husserl à sua filosofia madura[67], avalia como altamente problemática a proposta da fenomenologia transcendental[68]. Contra isso falariam os próprios princípios metódicos da fenomenologia professados por Husserl e, se desejarmos não transgredi-los, não seria coerente acatar um retorno aos domínios do transcendental, ainda que esse se expresse como ego puro, pois, em última análise, isso seria contrabandear a concepção tradicional de sujeito, já superada pela fenomenologia, novamente para o interior da investigação filosófica. Portanto, falar de fenomenologia transcendental, para Heidegger, "indica que a 'fenomenologia' se encaminhava, consciente e decididamente, na esteira da tradição da filosofia moderna [...]"[69]. Em vez de se engajar no projeto husserliano de perscrutar a gêne-

---

67. Propostas que já constavam em suas *Ideias para uma fenomenologia pura e para uma filosofia fenomenológica*, mas que, quando publicada em 1929, na versão D do verbete "fenomenologia" para a *Encyclopædia Britannica*, se tornam mais patentes.

68. Cf. HEIDEGGER, M. "'Phenomenology', draft B (of the *Encyclopædia Britannica* article), with Heidegger's letter to Husserl". In: KIESEL, T. & SHEEHAN, T. (orgs.). *Becoming Heidegger*. Illinois: Northwester University Press, 2007, p. 21.

69. HEIDEGGER, M. "Meu caminho para a fenomenologia". *Sobre a questão do pensamento*. Op. cit., p. 101.

se e as operações transcendentais da consciência e, a partir disso, a construção de uma "filosofia perene", Heidegger toma para si a tarefa de radicalizar o achado fenomenológico que é a intencionalidade levando-o mais além do que a fenomenologia, até então, fizera.

O interesse de Heidegger na fenomenologia consiste no fato de ela ser o meio mais adequado para conduzir sua ontologia fundamental. Mas por que seria adequada? Pois, para o filósofo, uma vez elaborada fenomenologicamente, a questão do *ser* é redescoberta à luz de uma nova possibilidade do questionar filosófico[70]. A fenomenologia, que permite que a coisa seja apreendida de modo direto e tratada sem qualquer mediação, produz resultados que transformam de modo substancial o trabalho filosófico. É por isso que, para Heidegger, a fenomenologia constitui "a via de acesso e o modo de verificação do que deve se tornar tema da ontologia"[71], desta feita: "*A ontologia só é possível como fenomenologia*"[72].

---

70. Cf. FIGAL, G. *Martin Heidegger*: Fenomenologia da liberdade. Rio de Janeiro: Forense Universitária, 2005, p. 34 [Trad. Marco Antônio Casanova].

71. HEIDEGGER, M. *Ser e tempo*. Op. cit., p. 123.

72. Ibid.

Quarta lição

De uma hermenêutica fenomenológica da facticidade

Depois de mostrar que a fenomenologia possibilita que nos orientemos segundo as indicações dos fenômenos; que ela deixa transparecer o modo com o qual os entes são compreendidos como significativamente entes e os comportamentos possíveis em certo horizonte de compreensão desses entes, lembremos, também, que a fenomenologia subministra o ente para o qual o *ser* pode constituir questão filosófica. Daí, como vimos em nossa *Segunda lição*, a ontologia fundamental precisa partir do ente para o qual o *ser* se disponibiliza em seu sentido, tratar-se-ia de um ente que compreende o *ser*. O ser-aí, este que possui o privilégio ontológico de compreender o sentido do *ser*, é, também, aquele que compreende a si próprio na medida em que existe, precisamente: é o existente que somos. Heidegger, reconhecendo este como ponto de partida para suas investigações, coloca a experiência humana na pedra de toque da fenomenologia, inscrevendo o traço de sua intencionalidade no horizonte no qual existimos *de fato*.

O referido horizonte, ao contrário do que se poderia supor, não é uma perspectiva subjetiva ou uma plasmação idealista. Ele traz consigo o contexto de significados historicamente consolidados do qual qualquer ente extrai suas determinações ontológicas. No compreender a existência segundo a evidência do fato de se ser, consiste a tarefa da fenomenologia, não à fenomenologia pura de matriz husserliana (para a qual o sentido do *ser* e o significado dos entes não poderiam se realizar a partir da experiência de fato do humano)[73], mas para uma fenomenologia que pode interpretar o sentido desse *ser* faticamente. Empreitada para uma fenomenologia que, além de descrever, analisa nossa situação e a dos entes que nos circundam. Tal filosofia

> tem como tarefa tornar acessível o ser-aí próprio em cada ocasião em seu caráter ontológico do ser-aí mesmo, de comunicá--lo, tem como tarefa aclarar essa alienação de si mesmo de que o ser-aí é atingido. Na hermenêutica configura-se ao ser-aí como

---

73. Cf. HEIDEGGER, M. "'Phenomenology', draft B (of the *Encyclopædia Britannica* article), with Heidegger's letter to Husserl". In: *Becoming Heidegger*. Op. cit., p. 23.

uma possibilidade de vir a *compreender--se* e de ser nessa compreensão[74].

É possível derivar da citação que, a despeito de seu apreço pela fenomenologia, Heidegger sabe que, para atingir os propósitos de sua ontologia fundamental, ela dependeria inevitavelmente de uma *hermenêutica*[75]. O termo "hermenêutica", que se manteve até aqui subtendido, agora recebe uma caracterização necessária para progredirmos em nossa exposição.

Tomada na concepção clássica do século XVIII, junto ao filólogo alemão Friedrich Schleiermacher, a hermenêutica vem como uma *arte da interpretação de textos*. Apropriada primeiramente por Dilthey, no século XIX, tal teoria universal do interpretar passa a uma *"reflexão metodológica sobre a pretensão de verdade e o estatuto científico das ciências humanas"*[76], conversão que serve ao projeto diltheyano de estabelecer uma interpretação ontognoseologicamente válida para o embasamento da ciência his-

---

74. HEIDEGGER, M. *Ontologia* – Hermenêutica da facticidade. Op. cit., p. 21.

75. Assim nos assegura Josef Bleicher, ao firmar que: "Hermenêutica é, doravante, um conceito fundamental da ontologia fundamental e fornece bases para o exame do ser-aí" (BLEICHER, J. *Contemporary hermeneutics*: Hermeneutics as method, philosophy and critique. Londres: Routledge & Kegan Paul, 1980, p. 100).

76. GRONDIN, J. *Hermenêutica*. São Paulo: Parábola, 2012, p. 13 [Trad. Marcos Marcionilo].

tórica. Com Dilthey, todavia, a hermenêutica ainda é concebida como um prosseguimento da doutrina tradicional do método[77], o que a aproximaria de "uma modalidade da teoria do conhecimento" nos moldes caros ao kantismo[78].

De acordo com Gadamer, Heidegger tomara contato com a hermenêutica durante o período em que estudou com Rickert, em Baden (em 1911)[79]. Ali, lera não apenas Dilthey quanto também a literatura que girava em torno deste (a sociologia compreensiva de Max Weber, a obra tardia de Georg Simmel e o historicismo em Ernst Troeltsch). Com essas leituras "Heidegger [...] procurou escapar da pobreza formalista do pensamento sistemático neokantiano" [...], "então a obra tardia enormemente rica e estimulante de Wilhelm Dilthey, apesar de toda sua fraqueza e palidez conceitual, foi desde o princípio para ele uma ajuda essencial"[80]. No Pós--Primeira Guerra (esp. entre 1923-1924), no entanto, era possível encontrar novamente Heidegger debruçado sobre os grossos volumes da Academia de Ciências de Berlim, que, antes das edições dos *Escritos reunidos* (*Gesammelte Schriften*), eram a

---

77. Cf. GADAMER, H.-G. *Verdade e Método II* – Complementos e índice. Petrópolis: Vozes, 2002 [Trad. Enio Paulo Giachini].

78. RICOEUR, P. *Hermenêutica e ideologias.* Op. cit., p. 36-37.

79. Cf. GADAMER, H.-G. *Hermenêutica em retrospectiva.* Op. cit.

80. Ibid., p. 16.

principal fonte das publicações de Dilthey. Dessa vez, mais interessado na historicidade da tradição ontológica e do existente humano, do que na refutação do historicismo, Heidegger buscava insumos para confrontar "implacavelmente a fundamentação última no ego transcendental ensinada por Husserl"[81].

A hermenêutica de Dilthey, nesse momento, lhe forneceria elementos eficazes que faltavam em Husserl para pensar o caráter de fato dos entes[82]. Portanto, ao combinar fenomenologia e hermenêutica, Heidegger busca corrigir uma pela outra, ou seja, trazendo a evidência indubitável da fenomenologia à hermenêutica, Heidegger a isenta do risco de relativismo; por outra mão, ao lastrear hermeneuticamente a essência do fenômeno na dimensão de fato da história, Heidegger libera a fenomenologia de sua tendência idealista[83]. Tal operação

---

81. Ibid., p. 17. O que nos leva a concordar com Günter Figal quando este afirma que: "o jovem Heidegger desenvolveu a hermenêutica da facticidade contra Husserl". Cf. FIGAL, G. *Oposicionalidade* – O elemento hermenêutico e a filosofia. Petrópolis: Vozes, 2007, p. 29 [Trad. Marco Antônio Casanova].

82. PALMER, R.E. *Hermenêutica.* Op. cit., p. 129.

83. Antes de mais ninguém, foi Max Scheler quem primeiro percebeu esta manobra de Heidegger. Scheler, entretanto, ainda identifica traços de sua própria filosofia nessa síntese heideggeriana. Angelika Sander noticia esse episódio ao citar o fenomenólogo de Munique desde seus *Abhandlungen zur Philosophie* (*Psychologie und Pädagogik*, Bd. 240): "Em Heidegger: 'há uma união

ainda resulta na criação de uma "fenomenologia hermenêutica", que imuniza Heidegger das dificuldades que restavam nessas duas filosofias, além de levá-lo a uma situação bastante propícia a um pensamento que buscava conciliar as exigências de uma unidade do conhecimento teórico às de um solo fático-histórico.

A abordagem à hermenêutica feita por Heidegger é, em propósito e conduta, bem diferente da de seu antecessor. Apropriando a hermenêutica de Dilthey em caráter francamente antimetódico[84], Heidegger faz dela uma filosofia capaz de interpretar as bases objetivas da história (nesse caso, a tradição/história da filosofia) com o intuito de nela identificar e devassar os pressupostos metafísicos sedimentados, mas não menos atuantes, nas ideias filosóficas atuais[85]. Nesses termos, "a relação entre hermenêutica e facticidade não é a que se dá entre a apreensão e a objetividade apreendida, à qual somente teria de ajustar-se, mas o interpretar, ele

---

do historicismo de Dilthey com Husserl e com a minha filosofia'" (SCHELER, M., apud SANDER, A. *Mensch – Subjekt – Person*: die Dezentrierung des Subjekts in der Philosophie Max Schelers. Bonn: Bouvier, 1996, p. 62.

84. Nisso Heidegger é seguido de perto por Gadamer e Ricoeur.

85. Grondin atesta que a hermenêutica de Heidegger não é um procedimento metódico, pois a apropriação que este filósofo faz da hermenêutica uma filosofia. Cf. GRONDIN, J. *Hermenêutica*. Op. cit., p. 38.

mesmo, é algo que se caracteriza como um possível distinto do caráter ontológico da facticidade"[86]. Depreende-se, com isso, que a hermenêutica fenomenológica é uma hermenêutica da facticidade. Uma tal afirmação, contudo, não seria de todo clara até que se esclareça a relação entre a tarefa de pensar a significação fática dos entes com a existência do humano que somos e, antes disso, respondamos a pergunta: *O que é facticidade?*

Pensada em uma *dupla via*, a facticidade refere-se, primeiramente, ao modo concreto com o qual os entes são compreendidos e interpretados no âmbito da existência (o que determina, igualmente, que existir significa, desde sempre, mover-se de modo interpretativo num conjunto de significados consolidados; do mesmo modo, refere-se à maneira com a qual nos ocupamos dos entes em determinada semântica fáctica, formulamos sobre eles problemas e os solucionamos segundo os significados deste contexto)[87]. De um segundo modo, essa her-

---

86. GADAMER, H.-G. *Hermenêutica em retrospectiva.* Op. cit., p. 21.

87. Nesse caso, a hermenêutica da facticidade revela a Heidegger que mesmo as posições tradicionais julgadas perenes pela filosofia se assentam em estruturas prévias determinantes dos significados fáticos dos entes no mundo. Isso nos legitima a afirmativa de que, mesmo o pensamento metafísico, em sua aventura problematizar o *ser*, já conta com aquilo que está consignado na facticidade. Quer dizer que a ontologia tradicional, justamente por desconhecer os saldos de uma hermenêutica do fático já sempre arrolaria posições,

menêutica fenomenológica da facticidade designa o próprio âmbito no qual somos "aí" no mundo. Ela nomeia o caráter de fato do nosso ser-aí. Nesse caso, temos em vista a maneira com a qual interpretamos a existência humana em face dos demais entes perguntando filosoficamente sobre o nosso modo de ser e sobre o *ser* dos entes que nos cercam, ou, nas palavras de Heidegger: "O tema da investigação hermenêutica é o ser-aí próprio em cada ocasião, justamente por ser hermenêutico, questiona-se sobre o caráter ontológico, a fim de configurar uma atenção sobre si mesmo bem enraizada"[88].

Isso significa que é partindo do ente compreensivo que somos que podemos compreender e interpretar a significação dos entes; do mesmo modo, uma autocompreensão só se faz possível a partir de uma compreensão do *ser* própria de nossa própria existência humana. Essa dinâmica interpretativa própria à hermenêutica, segundo Heidegger, "é

---

visões e concepções condizentes com uma determinada compreensão do mundo dos entes, concepção essa que retinha qualquer interpretação dos entes (e do ser dos entes enquanto pergunta filosófica) a compreensões tradicionais. Em suma, o ponto de partida para a investigação heideggeriana que busca a reelaboração da pergunta pelo ser (ontologia fundamental) em muito se beneficia pela clareza na colocação da questão conferida por essa hermenêutica fenomenológica.

88. HEIDEGGER, M. *Ontologia* – Hermenêutica da facticidade. Op. cit., p. 22.

64

algo cujo ser é o ser da própria vida fática"[89]. É também ela que faz com que atentemos para o ente que, em seu existir, possui uma relação originária com o horizonte hermenêutico em que o mundo consiste, eles apontam para a compreensão do *ser* dos entes como tal. Uma hermenêutica da existência humana, portanto, se esforça por compreender contexto de significado historicamente consolidado do qual os entes são compreendidos e o ente que compreende o que se manifesta nesse horizonte, o que justifica que uma ontologia fundamental passe por uma analítica existencial, exame do ente (ser--aí) que compreende *ser*.

O projeto fenomenológico-hermenêutico da analítica existencial, todavia, ainda dependeria de mais um passo. Extensão do projeto hermenêutico heideggeriano na chave de uma *destruição da história da ontologia* é o que teremos na lição subsequente.

---

89. Ibid.

Quinta lição

Desconstruir a metafísica?

É com o título acima que Pierre Aubenque, célebre estudioso de Aristóteles, encima um de seus livros[90]. Conhecendo seu trabalho como fiel exegeta da filosofia antiga (o mesmo que, por sua excelência, fez dele professor-titular da cátedra Étienne Gilson na Faculdade de Filosofia do Instituto Católico de Paris), seria de se estimar que essa entrada fosse uma manifestação mista de ironia e perplexidade. Afinal, de que outro modo um intérprete tão ligado à tradição receberia a proposta de destruição (*Destruktion*) da história da ontologia, programada em *Ser e tempo*?[91] Como dar crédito a um projeto que – à primeira vista – proporia a desconstrução (*Abbauen*) da metafísica[92], supostamente atacando

---

90. Cf. AUBENQUE, P. *Desconstruir a metafísica?* São Paulo: Loyola, 2012 [Trad. Aldo Vannuchi].

91. Cf. HEIDEGGER, M. *Ser e tempo.* Op. cit., p. 80-97.

92. Como tratada por Heidegger no interior de sua preleção *Ontologia*: hermenêutica da facticidade (1923).

o pensamento de alguns de seus mais ilustres representantes: Aristóteles, Descartes e Kant?

O título de Aubenque, sob um primeiro olhar, sugeriria uma denúncia (como, antes, fizera Karl Jaspers) da "Magia do extremo" e do "radicalismo da desconstrução"[93] que, no pensamento de Heidegger, seria um "perigo" e expressaria "a arrogância da ruptura total"[94]. Felizmente, ao abrirmos o texto do filósofo francês, vemos as más expectativas se dissiparem, pois as conferências ali contidas dão mostras de uma clara compreensão do projeto desconstrucionista de Heidegger, de seus desdobramentos na segunda metade do século XX (especialmente com Jacques Derrida) e de um debate crítico possível sobre o tema. Aubenque, afinal, sabe que:

> Em *Ser e tempo*, a "destruição da história da ontologia", ou ainda da "ontologia em prática até hoje", parece ser tarefa anterior à retomada da questão autêntica do sentido do *ser*: "é preciso desbloquear, deixar fluir (*auflocken*) a tradição entulhada e dissolver os encobrimentos produzidos por ela"[95].

---

93. JASPERS, K. *Notas sobre Heidegger.* Madri: Mondadori, 1990, p. 53 [Org. Vicente Romano Garcia].

94. Ibid., p. 62.

95. AUBENQUE, P. *Desconstruir a metafísica?* Op. cit., p. 52.

É a partir desse aceno bastante breve, apanhado da ideia de destruição/desconstrução, que partiremos para nossa exposição do tema nesse tópico.

Depois de ter desenvolvido uma "hermenêutica da facticidade" (projeto filosófico que assume a tarefa de esclarecer como compreendemos e questionamos o sentido do *ser*), a ontologia fundamental precisaria de um projeto que lhe facultasse pensar o cenário do qual partem as interpretações históricas que esse existente faz do *ser* e de si mesmo. É nesse contexto estrito que passa a fazer sentido falar em *destruição*[96].

Relacionada à hermenêutica da facticidade, a ponto de podermos considerá-la uma extensão desta, a destruição da história da ontologia é o procedimento de liberação do problema do *ser* das amarras que o subjugavam a interpretações tradicionais. Com isso, ressalta-se que tanto a hermenêutica fenomenológica da facticidade quanto o projeto desconstrucionista em apreço integram, de maneira decisiva, a ontologia fundamental.

---

96. A proposta de uma destruição da metafísica, em verdade, não seria um projeto de intuição inteiramente heideggeriana. É possível identificar na obra de Martin Lutero algo similar, ao qual Heidegger certamente se inspirou para propor o projeto desconstrucionista que aqui apresentamos. Em Lutero, especificamente, estaria em questão desconstruir o esquematismo reinante na escolástica do final da Idade Média para retomar as categorias autênticas da facticidade bíblica. Cf. CAPUTO, J.D. *Desmistificando Heidegger*. Lisboa: Piaget, 1993, p. 94 [Org. Vicente Romano Garcia].

A destruição da metafísica, tal como referida *supra*, é uma tarefa de urgência no plano de retomada da pergunta pelo *ser*. Isso porque, uma vez que a hermenêutica da facticidade nos mostrou que já sempre perguntamos pelo *ser* tendo seu sentido mediado por interpretações prévias (isto porque já nascemos, nos movemos e pensamos enjugados por interpretações consagradas pelo tempo e nas leituras autorizadas pela tradição), será necessário, com o projeto de destruição, romper com essas posições tradicionais que, mais do que marcos do passado, são elementos condicionantes do pensar e do agir da existência atual humana. O procedimento desconstrutivo se aplica, assim, não apenas ao efeito condicionante da tradição metafísica sobre as interpretações que fazemos da facticidade, quanto também contra o fato de essas leituras tradicionais (que em muito dirigem nossas compreensões) já trazerem consigo sempre um caráter que, mais que simplificado, seria "simplorizado". Este traço resultaria das muitas sínteses reprodutivas historicamente operadas e que registram apenas partes de seus empreendimentos de sucesso, legando seus saldos de modo sempre encurtado e em um contexto parcial ou encoberto.

Diante desse quadro, que propósito teria a destruição da história da ontologia? Ora, ela confrontaria as interpretações hegemônicas que trazem consigo um extenso histórico de elaboração. Com isso, a destruição dos conceitos consignados na história precisa ser compreendida como uma revisão da situação atual das ontologias e não apenas o passar em revista a história da ontologia para, então, avaliar o que ali se empreendeu. Do mesmo modo, não se trata de uma retomada da metafísica para, uma vez mais, tentar intensificar este pensamento com os recursos que lhe são intrínsecos.

Heidegger já tinha plena clareza quanto a isso em 1922 (portanto, cinco anos antes de formular definitivamente o programa de destruição da história da ontologia em *Ser e tempo*). É o que se vê na preleção *Interpretação fenomenológica de Aristóteles*:

> A destruição é mais bem-pensada como o único caminho por meio do qual o presente deve sair ao encontro de sua própria atividade fundamental; e deve fazê-lo de tal modo que da história brote a pergunta constante de até que ponto se inquieta o presente mesmo por apropriação e pela interpretação das possibilidades radicais e fundamentais da experiência[97].

A destruição do que herdamos da metafísica não significa a dizimação desse legado por algum

---

97. HEIDEGGER, M. *Interprétations phénoménologiques d'Aristóteles*. Paris, 1976, p. 20-21 [Trad. J.-F. Courtine].

afeto rupturista (como pensara Jaspers e outros que não compreenderam o real propósito de Heidegger). Tal destruição se realiza como uma *engenharia reversa* que, tomando hermeneuticamente a história da metafísica em sua situação mais atual, empreende um paulatino *desmonte* da suma conceitual autossuficiente que esta se tornara tradicionalmente. Destruir, assim, ocorre como um retorno à tradição (desde nossas posições, visadas e conceitualidade atuais) para nela ver como o que era originário experimentou decadência e se deixou obdurar[98]. Essa estratégia permite o exame de seus conteúdos, a indicação de seus *pre*conceitos e a busca por livrá-la da ação enrijecedora desse repertório conceitual que, por séculos, estiveram a ela agregadas obstruindo-lhe a compreensão do sentido do *ser* e obstaculizando abordagens da questão ontológica em outras bases[99].

Considerando que a filosofia de Heidegger constitui uma nova abordagem da questão do *ser*, perguntaríamos: Que nova base estaria em questão aqui? Tratando-se de se apropriar do que há de originário por sob a tradição, de reconquistar uma posição de origem que corresponda a uma situação histórica diferente, Heidegger entende que a base

---

98. Cf. HEIDEGGER, M. *Ontologia* – Hermenêutica da facticidade. Op. cit.

99. Ibid.

originária para a refundação da ontologia seria o terreno existencial do ente que compreende *ser*, do *ser-aí*. Isso porque, reapropriar-se dos conceitos metafísicos no seio da tradição para reconduzi-los ao seu horizonte mais próprio depende fundamentalmente do diálogo com a história da filosofia e da historicidade do existente humano. Deste modo a questão do sentido do *ser* é levada a conduzir a si mesma à sua compreensão fática em concordância ao seu próprio caminho, requerendo uma explicação prévia de nossa própria existência.

A apresentação de elementos da *fenomenologia atitudinal* de Heidegger, dos projetos de uma *hermenêutica da facticidade* e de uma *destruição da história da ontologia* (empreendida nas três últimas lições) introduziu alguns dos subprojetos atuantes na ontologia fundamental. Tal trajeto expositivo, contudo, nos encaminhava, desde o início, à caracterização da analítica existencial, subprojeto filosófico que junto aos dois primeiros integra a tentativa heideggeriana de uma ontologia fundamental (projeto principal da filosofia de *Ser e tempo*). Após esses passos preparatórios, a analítica da existência é o que teremos na sequência.

Sexta lição

Análise fundamental do ser-aí

Como se indicou na lição passada, a analítica existencial (*Daseinsanalytik*) é um dos subprojetos em vigor no projeto mais abrangente que é o da ontologia fundamental. A recolocação da pergunta pelo sentido do *ser*, programada na referida ontologia, parece depender, entre todos os passos que nos trouxeram até aqui, mais enfaticamente desse que atua em cooperação com os outros apresentados.

A analítica existencial, bem como os demais subprojetos, importa destacadamente ao propósito de recolocação da questão ontológica, pois a recolocação da questão do sentido do *ser* em novas bases, como pretende Heidegger, está ligada fundamentalmente ao ente que compreende *ser*. Desse modo, o caminho de execução da ontologia fundamental carece de uma investigação que elucide esse ente que compreende *ser* e que, justamente por isso, o pode colocar em questão. Isso significa que a ontologia de Heidegger tem como passo inter-

75

mediário a *análise fundamental do ser-aí* (*Fundamentalanalyse des Daseins*), relação que podemos expressar nos seguintes termos:

> Elaborar a questão do ser significa [...] tornar transparente um ente – o que questiona – em seu ser. Como modo de ser de um ente, o questionamento dessa questão se acha essencialmente determinado pelo que nela se questiona – pelo ser. Esse ente que cada um de nós somos e que, entre outros, possui em seu ser a possibilidade de questionar, nós o designamos com o termo ser-aí. A colocação explícita e transparente da questão sobre o sentido do ser requer uma explicação prévia e adequada de um ente (ser-aí) no tocante a seu ser[100].

Tal tarefa de esclarecimento se elabora por meio da descrição e análise fenomenológica das estruturas existenciais do ser-aí. Basicamente é nisso que consiste a chamada *analítica existencial*, uma investigação que, depois de examinar suficientemente o ser-aí, torna possível avançar com a questão do *ser*[101]. O exame concernente ao ser-aí (analítica existencial), enquanto etapa preparatória da ontologia fundamental, é o que constitui a parte publicada de *Ser e tempo*.

---

100. HEIDEGGER, M. *Ser e tempo.* Op. cit., p. 63.

101. FIGAL, G. *Heidegger zur Einführung.* Hamburgo: Junius, 1992, p. 65.

Sendo essas indicações da referida análise suficientes para nossa compreensão desse projeto filosófico, resta atender a uma exigência didática postergada até aqui: desde nossos primeiros momentos vimos falando do *ser-aí*; referimo-nos a ele, na grande parte das vezes, ora como "o ente que compreende *ser*", ora como "experiência humana" ou "fenômeno humano", mas o fato é que, até a presente lição, a noção de ser-aí permaneceu, a bem dizer, subentendida. Acatamos que as denominações provisórias, usadas até aqui, seriam imprecisas, o que não significa acatar, no entanto, que essas teriam sido incorretas, pois, afinal, o que esteve em jogo nessas expressões seria, mesmo, algo do humano, a saber: sua *essência*, ou, como diria Sartre (que nos deu provas de bem compreender Heidegger), a "realidade humana" (*realité humaine*)[102].

Ora, uma vez que é a experiência essencial do humano que está em pauta aqui, não seria de estranhar que alguns se perguntassem sobre o porquê de Heidegger não ter adotado, facilmente, a palavra "homem" para designar aquela? Afinal, por que fazer a escolha exótica do termo "ser-aí" para nomear a mesma? Em resposta a essas indagações, é preciso dizer – categoricamente – que *ser-aí* não é uma forma diferenciada ou original para se referir

_____

102. Cf. SARTRE, J.-P. *O ser e o nada* – Ensaio de ontologia fenomenológica. Petrópolis: Vozes, 2001 [Trad. Paulo Perdigão].

a *homem*, isso porque o ser-aí, tal como tratado na filosofia de Heidegger, não corresponde imediatamente ao que a filosofia chamou de homem.

Isso se justifica quando lembramos que a ontologia de Heidegger parte (inclusive no tocante a sua compreensão do humano) da fenomenologia tal como inicialmente estabelecida por Husserl; a mesma que, tendo em vista a estrutura da intencionalidade, sempre toma a consciência na indissociável correspondência com um fenômeno[103]. Acompanhando esse laço intencional, a fenomenologia de Heidegger, ao se saber ontologia, também trata do *ser* na correspondência com algo que se aproxima de uma *figura de consciência*; esta figura: o tão mencionado *ser-aí*. Este ente não é uma coisa, não possuindo, portanto, consistência empírica; no pensamento de Heidegger, tampouco chega a ser tratado como a consciência que (por mais que depurada pelo método fenomenológico husserliano) ainda guardaria vestígios de um atributo substancial passível de ser apontado como uma última determinação metafísica. Heidegger, levando às últimas consequências a ideia de *epoché* fenomenológica (aquele gesto inaugural, crucial e continuado da fenomenologia de Husserl que coloca "entre parênteses" a validade de conteúdos das duas referidas

---

103. Cf. HUSSERL, E. *Investigações lógicas* – Investigações para a fenomenologia e a teoria do conhecimento. Op. cit.

tendências teórico-hipostasiantes) submete habil-mente a consciência (que naquele momento, com Husserl, se reaproximava do sujeito transcendental da filosofia moderna) aos efeitos suspensivos desse procedimento[104].

O resultado dessa operação de radicalidade inexcedível seria um ente desprovido de determi-nações, um ser de negatividade até que o mesmo se projete à situação de fato (= facticidade) de seu mundo. A figura paradigmática do humano (trata-da enquanto ser-aí) é, deste modo, um ser que não possui outro traço imanente senão o de poder-ser. Dizendo de modo sucinto: ser-aí é um ente pensado num contexto completamente diferente daquele vi-gente na tradição filosófica; poder-ser é sua possi-bilidade mais primordial, constituindo, assim, não só a primeira, mas sua determin*ação* mais origi-nária e mais positiva[105]. Por isso, para Heidegger: "ser-aí não é um simplesmente dado que tem, adi-cionalmente, o poder de ser alguma coisa. Ele, pri-mariamente, é possibilidade de ser. Cada ser-aí é o que pode e o como pode ser possível"[106].

Deve ter ficado mais clara, agora, aquela nos-sa afirmação acima segundo a qual o termo "ser-

---

104. Cf. NUNES, B. *Passagem para o poético*. São Paulo: Loyola, 2012.

105. Cf. HEIDEGGER, M. *Ser e tempo*. Op. cit., p. 409.

106. Ibid.

-aí" não corresponde à significação ordinária de homem, pois, afinal, um ser de possibilidades até poderia ser indicado na ideia derivada de *animal racionale* (como na definição de homem que a tradição latina de pensamento atribuiu a Aristóteles), mas não se resumiria a isso; do mesmo modo, esse ente cujo caráter é o do poder-ser, bem poderia ser veiculado como *creaturae Dei* (como transmitido nos ensinamentos da antropologia implícita na teologia cristã), mas também isso seria uma derivação de seu modo mais fundamental de ser. Sem precisar prosseguir numa fatigante caracterização negativa do ser-aí, podemos entrever aqui as razões pelas quais Heidegger evitará chamar a experiência em jogo no ser-aí de "homem" e, se essas evidências, por si só, não bastassem, ainda se somariam outras motivações casuísticas, por exemplo: o fato de, à época, se proliferarem correntes filosóficas[107] nas quais a noção de homem era, de um modo ou de outro, recorrida[108].

---

107. Como a *filosofia da vida*, com Rudolf Eucken; o *naturalismo biologicista* em Oswald Spengler e Ludwig Klages; o *vitalismo*, de Hans Driesch e a *antropologia filosófica* com Max Scheler, Helmut Plessner e Arnold Gehlen.

108. Em verdade, em 1946, na carta que ficou conhecida como *Sobre o humanismo*, mesmo Heidegger usou a palavra "homem" para referir-se à experiência em questão. A licença desse uso, apenas no presente caso, se justificou pelo fato de muito da sua linguagem técnica soar estranha – até mesmo incompreensível – a essa atrasada recepção de sua primeira filosofia em uma cena

Como aqui foi ensejado, o ser-aí é indeterminado até que se exponha às suas determinações de fato (= fáticas). Perguntaríamos: De que modo esta exposição se daria? Apenas ao existir o ser-aí se torna o que é. Isso significa que a existência é seu modo de ser ou, se desejarmos, seria o que haveria de "essencial" nesse ente. Ao insinuarmos que o ser-aí é um ente essencialmente existente, não há como não se lembrar daquela afirmativa de Sartre, em sua conferência *O existencialismo é um humanismo*, segundo a qual "a existência precede a essência"[109]. Com essa, o filósofo francês quer dizer que primeiro existimos para, então, definirmo-nos[110]. A existência do ser-aí, em parte, se aproxima ao que Sartre aqui expõe. Heidegger, contudo, não admite isso, uma vez que, para ele, a ideia de

---

intelectual francesa profundamente marcada pelo racionalismo e a influência de célebres intérpretes da filosofia de Descartes, Leibniz e Kant, como fora Léon Brunschvicg. Jean Beaufret (para quem a referida carta fora endereçada) nos confirma esses dados ao relatar que mesmo a aplicação de termos elementares como "ser" e "ente", no contexto da filosofia de Heidegger, "não formavam parte da linguagem possível em francês"; do mesmo modo, o termo "ser-aí" (*Dasein*) estaria tão atavicamente ligado à filosofia de Kant a ponto de dificultar a compreensão do que Heidegger pretendia com ele, ou, como diz o filósofo francês: "tratava-se de algo muito distinto" (BEAUFRET, J. *Al encuentro de Heidegger*. Caracas: Monte Avila, 1993, p. 16, 22 [Trad. Juan Luis Delmont].

109. SARTRE, J.-P. *L'Existencialisme est un humanisme*. Op. cit., p. 17.

110. Ibid., p. 21.

precedência (*précedènce*) em Sartre, constitui um problema de compreensão que faz do existencialismo a filosofia que é, a saber: uma filosofia com interesse prioritário na existência e não no ser[111].

Para Heidegger,

> tal experiência essencial (*Wesenserfahrung*) nos será dada se compreendermos que o homem (ser-aí) é na medida em que ex-siste. Dizendo, primeiro, na linguagem da tradição, então isso significa: a existência do homem é sua substância. Por isso, em *Ser e tempo*, frequentemente essa sentença se repete: "A 'substância' do homem é a existência"[112].

Como se vê aqui, o ser-aí se constitui existindo, isso significa que, ao existir, o ser-aí vem a ser o ente que é. A palavra existência designa o modo com que se constitui a essência do ser-aí, essência que *só pode ser concebida em seu sentido verbal estrito*, ou seja, em uma "essencialização", em um "essencializar". Esta dinâmica permanece indicada no significado da palavra existência, tanto em sua origem latina no verbo *"existire"*, como no vocábulo alemão *"Existenz"*, utilizado por Heidegger. Ambos indicam um movimento, um "dar um pas-

---

111. Cf. HEIDEGGER, M. "Brief über den humanismus". *Wegmarken*. Frankfurt am Main: Vittorio Klostermann, 1967, p. 145-194.

112. Ibid., p. 161.

so à frente" no sentido de sair ou ir para fora (*aus sich heraustreten*). Heidegger chega a destacar, em alguns momentos, o *ex* como um prefixo, no intuito de marcar que o existir é um ex-sistir. O autor utiliza também, em alguns casos, com o mesmo intuito, o prefixo grego *ek* ou o latino *ec*, o que demonstra que neste movimento o ser-aí se desdobra, colocando-se em jogo, projetando-se a uma dimensão na qual se expõe enquanto o próprio *ser*. Com este modo de compreender e utilizar a palavra *existência*, fica marcado o *modo de ser do ser-aí* e seu contraste frente à compreensão categorial feita pela ontologia tradicional como *"existentia"*, i.e., como o *fato de ser simples presença*[113], ou como a própria citação nomeia, um "simplesmente dado".

Ao existir, o ser-aí define o que ele é, e os muitos momentos deste modo de ser se mostram à análise fenomenológica do ser-aí como "existenciais" (*existenziellen*). Existenciais são estruturas ontológicas tão somente engendradas na dinâmica da existência; são, portanto, componentes ontológico-existenciais do ente que somos (= ser-aí). Isso significa que somos sempre e a cada vez existencialmente e, em cada instante da existência, exis-

---

113. Para que Heidegger pudesse chegar a essa nova compreensão de *ser-aí* fora necessário "desconstruir" a semântica tradicional do termo que significava: *algo que tem sua realidade autodeterminada*. Cf. HEGEL, G.W.F. *Wissenchaft der Logik* – Das Sein (1812). Hamburgo: Felix Meiner, 1986, p. 66.

tenciais determinam nosso ser na situação. Daí, o ser-em (*In-sein*), o ser-junto (*Sein-bei*), o ser-com (*Mit-sein*), o cuidado (*die Sorge*), o ser-para o-fim (*Zu-Ende-sein*) e o ser-para-a-morte (*Sein-zum--Tode*) serem apenas alguns existenciais do ser-aí. Por agora, garantindo inclusive o prosseguimento de nossa exposição, a caracterização do existencial ser-no-mundo e a ligação com seu momento estrutural mundo é o que urge.

Sétima lição

Ser-no-mundo, ocupação e impropriedade

O ser-no-mundo (*In-der-Welt-sein*) é um existencial. Isso significa que ser-no-mundo integra o todo estrutural (= existencialidade) do ser-aí ao passo em que este existe. Ser-no-mundo é o existencial que indica como o ser-aí é no espaço constitutivo do mundo e, em verdade, é enquanto ser-no-mundo que já sempre encontramos o ser-aí, isso quer dizer que ser-aí é sempre no *aí* que o mundo constitui. Tal como advertimos sobre o fato de o ser-aí não dever ser interpretado como um ente dado de antemão (*Vorhandenheit*), alertamos agora que também não devemos tomar o mundo como um lugar empiricamente constituído, ou, dizendo categoricamente: mundo não é um local físico onde o ser-no-mundo estaria alocado ou de alguma forma contido. Assim, o laço do ser-no-mundo com seu mundo não é – em absoluto – uma relação de con-

85

tinente e conteúdo[114], isso porque mundo é, antes, um espaço fenomenal *intencionalmente* aberto[115].

O componente intencional, afirmado nesse contexto, bem poderia causar controvérsia diante de algumas leituras em vigor[116], isso porque alguns intérpretes sustentam que Heidegger teria extirpado a noção husserliana de intencionalidade de sua filosofia[117]. Isso faria com que, no seio da hermenêutica filosófica, o ser-no-mundo estivesse voltado aos entes do mundo (= entes intramundanos) desde uma compreensão abrangente cujo ver multifacetado acompanharia a multiplicidade e a diversidade dos entes ali presentes. Ora, essa interpretação desconsidera que o Heidegger de *Ser e tempo* ainda é um fenomenólogo e que, portanto, pensa como tal; o que faria que, na cunhagem da expressão "ser-aí", não pudesse negligenciar a correspondência inten-

---

114. Este modo de compreender o mundo parte da premissa de que o "em" indicaria uma relação de interioridade física entre dois ou mais corpos extensos que poderia ser exemplificada com proposições como "os livros estão dentro da gaveta", proposições que poderiam abranger domínios imagináveis e que reduziria os fenômenos existenciais do ser-em e ser-no-mundo a uma relação de continente e conteúdo (uma relação de encaixe do ser-aí a um suposto "mundo natural" ou realidade constituída).

115. Sobre a concepção de "intencionalidade" reveja nossa *Terceira lição*.

116. P. ex., a de FIGAL, G. *Martin Heidegger*: Fenomenologia da liberdade. Op. cit.

117. Ibid., p. 86.

cional intrínseca que uma figura de consciência (análoga a do ser-aí) tem com os objetos (os entes do mundo)[118], destarte: o ser-aí *é* sempre em face de seu *aí*; do mesmo modo, o *ser-no-mundo* é sempre na correspondência de seu *mundo*.

Ser-em-um-mundo indica um modo de estar-aí. Um tal modo se expressa na forma de um ser-lança-do-em-um-mundo. Nisso se define a situação fática deste ente, circunstância que possui uma familiaridade a esse mundo, e que pode ser compreendida como o conjugar da existência deste ser-aí nessa região ontológica delimitada[119]. Guardando, assim, uma relação de proximidade com sua facticidade, o ser-no-mundo comporta-se junto aos entes que vêm ao seu encontro no mundo. Ao ser-junto aos entes que se achegam do mundo, o ser-no-mundo funda um modo prático de relação que faz com que esses intramundanos sejam tomados como entes à mão (*Zuhanden*), como entes manuseáveis em certa ocupação (*Besorge*). O termo "ocupação", assim, alude à dinâmica existencial do ser-no-mundo, de um comportar-se num espaço constitutivo que traz o caráter do próprio ser-aí[120], premissa que parte da consideração do mundo enquanto horizonte signi-

---

118. Cf. HUSSERL, E. *Investigações lógicas* – Investigações para a fenomenologia e a teoria do conhecimento. Op. cit.

119. Cf. HEIDEGGER, M. *Ser e tempo.* Op. cit., p. 535.

120. Ibid., p. 201.

ficativo primário de realização desse ente. Deste modo, o ser-no-mundo realiza-se enquanto existente a partir de "modos de ocupação".

Em sua descrição fenomenológica, Heidegger evidencia que o ser-no-mundo está sempre ocupado com algo, está continuamente atido a um afazer, aplicado a uma tarefa (seja um fazer, um empreender, um deliberar, um considerar...)[121]. Até mesmo o que poderia ser considerado uma desocupação (p. ex.: o ócio, a folga, a lassidão, a omissão, a renúncia etc.) se constituiria, nesse caso, o estar ocupado em esquivar-se de ocupações[122]. Os modos de ocupação são, pois, maneiras de o ser-no-mundo existir em relações aos entes no mundo, por meio de seus comportamentos o ser-no-mundo realiza seus projetos existenciais vindo a ser o ente que é na medida de suas possibilidades.

Essa exposição nos permite ressaltar o quanto a experiência de mundo é constituinte da existencialidade do ser-aí. Tal experiência, Heidegger denominará *mundanidade* (*Weltlichkeit*). A experiência da mundanidade do mundo, entretanto, não fornece ao ser-aí transparência quanto a seu modo de ser e existir. Isso porque, a maneira com que este se vê normalmente ocupado junto aos entes faz com

---

121. Ibid., p. 177.

122. Ibid.

88

que ele se distraia desse *modus* existencial de ser. Em outras palavras, ao ocupar-se cotidianamente, o ente que somos se deixa tomar por uma *atitude natural* (não predicativa e não teórica) obscurecendo, por completo, os fenômenos eles mesmos. Este comportamento, do mesmo modo que nos absorve na lida prática, está conjunturalmente articulado e orientado por um *ver circunstancial* (*Um-sicht*) e obscurece a compreensão de nosso caráter constitutivo de existente possível (de ente que pode-ser).

O que tratamos por *obscurecimento* insinua que o ser-no-mundo não se encontra imediatamente nivelado com a verdade de sua existência[123]. Isso demandaria uma atenção focada nos aspectos ontológicos de nosso existir, cuidado improvável em meio à existência cotidiana. É com base nisso que Heidegger afirma que o comportamento do ser--no-mundo na cotidianidade mediana é *impróprio* (*Ungehörigkeit*)[124]. À primeira vista, esta expressão pode sugerir um juízo de valor, por parte do filósofo, acerca da conduta do ser-aí. Todavia, se seguirmos Heidegger mais de perto em seu esforço de guiar-se pelas indicações formais do próprio fenômeno, tal termo, mesmo associado posteriormente

---

123. Cf. HEIDEGGER, M. "Agostinho e o neoplatonismo". *Fenomenologia da vida religiosa.* Op. cit., p. 181.

124. Cf. HEIDEGGER, M. *Ser e tempo.* Op. cit., p. 141.

às noções de *inautenticidade* (*Uneigentlichkeit*)[125] e *decadência* (*Verfallen*)[126], passa mais claramente a se referir ao fato de o ser-no-mundo, na cotidianidade mediana, não se apropriar de si, ou seja, de não se apossar de seu traço mais autêntico que, como sabemos, é o poder-ser (*sein können*) no momento em que *ex-siste*[127].

A impropriedade ou decadência do ser-no--mundo não se deve, no entanto, apenas ao efeito atrativo análogo ao gravitacional que os entes de uso exercem sobre o ser-no-mundo ocupado (ou seja, a atração que o ser-no-mundo deixa que os

---

125. O que formulamos objetivamente a respeito da impropriedade do ser-no-mundo vale especialmente para esta variante. Sendo hoje conhecidas as primeiras preleções friburguenses de Heidegger (proferidas entre 1920 e 1921), observamos que a concepção de decadência também não possui sentido moralizante. O conceito, no contexto específico da analítica existencial, se mostra como uma tentativa de traduzir a noção de tentação (*tentatio*), conforme herdada da tradição bíblica por Agostinho, em termos fenomenológicos. O mesmo procedimento se identifica com relação à noção de culpa (*Schuld*) em Kierkegaard, de quem Heidegger, em *Ser e tempo*, claramente se apropria para pensar as noções de poder-ser e impropriedade. Cf. HEIDEGGER, M. "Agostinho e o neoplatonismo". *Fenomenologia da vida religiosa*. Op. cit., p. 234, 239, 241e 244.

126. Também a cunhagem do conceito de *decadência*, no presente contexto, tem a *queda bíblica* como pano de fundo. Para conhecer mais acerca da leitura des-teologizante de Heidegger da queda. Cf. POLT, R. *Heidegger an introduction*. Op. cit., p. 75.

127. Reveja-se a respeito da dinâmica de *ex-sistência* do ser-aí nossa *Sexta lição*.

utensílios exerçam sobre si ao se deixar envolver nas dinâmicas utilitárias do seu mundo cotidiano). Também seu ser-com os outros (traço existencial determinante do modo com que, de início e na maior parte das vezes, o ser-aí convive socialmente) exerce influxos desviantes do modo mais próprio do ser-no-mundo existir. Neste caso, a impropriedade assume sua feição de impessoalidade. O *impessoal* (*man*), assim, é um fenômeno próprio à existência mediana do ser-no-mundo que se expressa por meio de certo comportamento assumido quando disposto no mundo cotidiano compartilhado.

Ao conviver com os outros, o ser-no-mundo compartilha um conjunto de sentidos e significados consolidados no mundo fático. No ser-com cotidiano, o estar absorvido nessas significações fáticas ganha acento peculiar, reforçando certa tendência de existir orientando-se em contextos mundanos segundo o comportamento comum. Isso significa que o ser-no-mundo, desde o impessoal, interpreta o mundo segundo o que os outros pensam; pensa e age conforme comumente *se* faz e *se* expressa costumeiramente desde o empenho de fazer-se com os outros[128]. Esse fenômeno indica que o ser-no-mundo existe, na maior parte das vezes, sob a tutela dos outros. Contudo, o que chamamos aqui de "os outros" não implicam figuras determinadas,

---

128. Cf. HEIDEGGER, M. *Ser e tempo.* Op. cit., p. 493.

não se trata de pessoas ou grupos com influência ou particular autoridade sobre o ser-no-mundo. "Os outros" são *todos* que compartilham um mundo cotidianamente; do mesmo modo, são *ninguém*, por afinal não possuir identidades nesse constructo que prescreve tacitamente diretrizes de conduta e modos padronizados de *se* portar nas muitas demandas do mundo cotidiano[129]. Acatando regras estipuladas por uma maioria indistinta e assumindo modos de procedimento adequados a um mundo compartilhado, o ser-no-mundo *se* deixa absorver (*benommen*) num comportamento impessoal com relação aos outros e a si mesmo. Observa-se, assim, o ser-no-mundo desde modos de ocupação que invariavelmente encontram o respaldo nas diretrizes desse domínio indeterminado (ainda que suas ocupações aparentemente digam respeito ao particular, ao pessoal).

Impessoalmente, o ser-no-mundo parece abonado de qualquer responsabilidade ante a sua existência, e podemos presumir que passa a ser cômoda sua existência impessoal, já que no existir cotidiano "a pretensão que o impessoal tem de nutrir e conduzir a 'vida' plena e autêntica traz ao ser-aí uma tranquilidade para a qual tudo está na 'melhor ordem' e todas as coisas estão abertas. O ser-no-mundo decaído é para si mesmo tentador e, ao mesmo tempo,

---

129. Ibid., p. 365.

tranquilizante"[130]. Afinal, desde essa tutela prescritiva de comportamentos normatizados e opiniões niveladas todo o existir parece desagravado; nada mais parece ser decisivo nele, e a existência passa a não mais ser o *ethos* da conquista do próprio *ser*.

A partir disso, é possível dizer que, no mundo, o ser-aí tem seu encontro com os entes e seu encontro com os outros, entretanto, ao se deixar absorver nos diferentes modos decadentes de relação com esses, o ser-no-mundo perde de vista exatamente a si próprio[131] (o que nos leva a dizer que impropriedade é uma desarticulação fenomenologicamente condicionada do ser-aí em relação a si mesmo). Isso se faz compreensível, pois a impropriedade (principalmente a do impessoal) oferece ao ser-no-mundo uma vaga impressão de estabilidade (condição estável apenas vislumbrada por meio de uma equívoca associação ao modo de ser dos entes em geral), a mesma que faz com que ele perca de vista o caráter dinâmico de sua existência e, com isso, a evidência de seu caráter de possibilidade[132]. Um pequeno passo, a partir daí, separa esse obscurecimento da interpretação derivada que faz com que o ser-aí desde a não verdade tome a si mesmo

---

130. Ibid., p. 499.

131. Cf. JOHNSON, P.A. *On Heidegger.* Belmont: Wadworth, 2000, p. 18-23.

132. Cf. HEIDEGGER, M. *Ser e tempo.* Op. cit., p. 495.

como subjetividade. Isso porque, uma vez tendo obstruído os traços intencionais que permitem ao ser-aí uma compreensão do fenômeno existencial de mundo, sem dificuldades, o ser-aí acataria sua autointerpretação impessoal segundo a qual, o "homem", antes de ser um existente, seria um sujeito quiditativamente constituído[133].

Após essa exposição, é possível avaliar o quanto a noção de impropriedade, em seus vários matizes, torna problemática a compreensão do modo de ser do ser-aí para uma análise fenomenológica da existência. É preciso considerar, todavia, que o que Heidegger chama de decadência não é um mal radical que, uma vez acometendo o ser-no-mundo, o comprometeria irremediavelmente, quem sabe aniquilando suas possibilidades (impropriedade, significa um não próprio e não a negação da existência possível). Assim, para Heidegger, a decadência é um "caráter fenomenal positivo"[134] da existência e, se atentarmos, ela acaba por evidenciar uma possibilidade exclusiva do ente que somos, a de desviar-se de si.

---

133. Cf. MULHALL, S. *Heidegger and* Being and Time. Londres: Routledge, 1996, p. 83.

134. Cf. HEIDEGGER, M. *Ser e tempo.* Op. cit., p. 139.

Oitava lição

A angústia e a descoberta de si-próprio

Uma caracterização do ser-no-mundo impróprio foi o que tivemos na lição anterior. Nessa, vimos um ser-no-mundo absorto em ocupações junto aos entes do interior do mundo e impessoalmente tutelado pelo convívio com os outros, a ponto de interpretar a si mesmo como mais um ente simplesmente dado (desatento, portanto, de seu privilégio ontológico-existencial mais próprio). Com isso, pudemos insinuar que, nessa decadência, "é de si mesmo que o ser-aí se desvia"[135]. Partindo dessa caracterização, que, por sua vez, se apoia na descrição que Heidegger nos oferece do ser-no-mundo impróprio[136], é possível chegar a se pensar que não haveria saída para o ser-aí imerso nas ocupações mundanas. Afinal, o ser-aí decadente estaria de tal

---

135. Ibid., p. 519.
136. Cf. ibid., p. 333-373.

modo nivelado à não verdade da existência que sugeriria estar definitivamente fadado à mediania (mesmo depois de ressaltarmos que a impropriedade, ainda que pela negativa, seria índice de propriedade na "constituição do ser-aí")[137].

Este diagnóstico presumido nos seria facultado dado à decadência do ser-no-mundo dizer respeito a um modo de este já estar lançado no mundo e de projetar sentidos desde certa compreensão deste mundo. De sorte que, de início, seria preciso imaginar um caso em que o ser-no-mundo estivesse fora do mundo para, só assim, se ver livre dos efeitos obnubilantes da *lógica das ocupações cotidianas* e da convivência impessoal. Não é necessário prosseguir para perceber o quanto – antes mesmo de ser *nonsense* – seria impossível um ser-no-mundo sem mundo, já que este é horizonte significativo no qual os entes se manifestam conjuntamente. Ora, dizer que o ser-no-mundo não pode prescindir do mundo não significa que ele não possa experimentar distanciamento das operações requisitantes do mesmo e de suas significações consolidadas, livrando-se, assim, dos influxos da cotidianidade mediana. Tal experiência de distanciamento, para Heidegger, é proporcionada pela exposição do ser-aí à *"angústia"* (*Angst*).

---

137. Ibid., p. 371.

O nome de Heidegger é de modo costumeiro associado ao fenômeno da angústia; mesmo sua filosofia é imprecisamente apontada como um "existencialismo da angústia"[138]. É bem verdade que a abordagem que Heidegger faz desta abriu novas frentes de pesquisa sobre este fenômeno[139]; no entanto, a angústia, no pensamento de Heidegger, não constitui, quem sabe, um tema sombrio de especulação teórica; ela possui um papel bem pontual na economia da análise fenomenológica do ser-aí.

A angústia, particularmente, é uma "tonalidade afetiva" (*Stimmung*). Uma tal tonalidade, ao lado de outras tantas possíveis ao ser-no-mundo (p. ex.: o anseio, a alegria, o temor, a tristeza etc.), determina modos com os quais este se encontra (*sich befinden*) no mundo. Isso significa que, além de compreensivamente aberto ao mundo, o ser-aí também se vê afetivamente "afinado" por essas tonali-

---

138. QUILES, I. *Heidegger*: el existencialismo de la angustia. Buenos Aires: Espasa-Calpe, 1948, p. 34.

139. Entre os beneficiários das descrições e análises fenomenológicas que Heidegger faz da angústia no seio da analítica existencial estão os psicanalistas fenomenólogos Ludwig Binswanger, Medard Boss e Victor Emil von Gebsattel (este, aluno de Binswanger e terapeuta do próprio Heidegger no período em que o filósofo esteve emocionalmente abatido pelo episódio do reitorado), interessados na assim chamada psicologia fenomenológico-existencial como via opcional à psicanálise, que monopolizava qualquer discussão sobre o referido fenômeno, tratando-o categoricamente como *neurose*.

dades que já definem o modo com que ele se acha no mundo e junto aos entes e suas demandas cotidianas (ou seja, o modo do ser-aí estar no mundo é *compreensivo-afetivo*). Dizendo em uma linguagem mais informal: as tonalidades afetivas dão o "tom" por meio do qual o ser-no-mundo se dispõe ao mundo, ou ainda, constituem o "caráter de afinação" com o qual o ser-no-mundo afetado se acha (*Befindlichkeit*).

Apropriando de Aristóteles a concepção grega de *pathos* (afecção) e convertendo-a à matriz da fenomenologia existencial, Heidegger parece mesmo interessado em introduzir o elemento afetivo na analítica de *Ser e tempo* (tentativa da criação de uma "filosofia tonal" ou "disposicional", se assim desejarmos). Vale, contudo, ressaltar que falar de afetos, de afeições ou de disposições, no presente contexto, não significa tomar as tonalidades afetivas como emoções, sentimentos, humores ou estados de ânimo. Isso porque, estas concepções ainda se constituem a partir de uma interpretação subjetivista que o ser-aí faz de si mesmo (permanecendo no âmbito ôntico-existenciário), sendo, portanto, derivadas do modo originário (ontológico-existencial) desse ente.

A angústia é uma "tonalidade afetiva fundamental" (*Grundstimmung*). Isto significa que, ao afetar o ser-aí, este se põe em contato imediato com seu ser, quer dizer, ao padecer de angústia o ser-aí se dispõe a si mesmo a partir de seu próprio ser. Mas como isso seria possível?

Quando o ser-no-mundo se vê afinado pela angústia, ele tem os sentidos de seus projetos ao mundo retraídos. Uma vez sem projetos existenciais de sentido, a dinâmica existencial do ser-aí lançado hesita ante a abertura do mundo e, em tal espaço de jogo, agora esvaziado de sentido, mesmo as significações desse mundo se lhe mostram indiferentes e toda realização se inviabiliza. Queremos dizer que, na crise patética que a angústia instaura, não há como mobilizar qualquer ocupação no campo de ação que é o mundo, justamente porque os sentidos que sustentariam qualquer operação estão em *sursis*, o que faz com que qualquer comportamento se mostre desprovido de um agir "em-virtude-de" que (*Worum Willen*) e, por isso mesmo, improcedente. Heidegger não poupa recursos ao descrever o quanto o mundo – desnudado em seu horizonte pela angústia – se faz estranho ao ser-aí[140]. Trata-se de um mundo em que os utensílios estão presentes, mas nada há para se fazer com eles; em que as pessoas comparecem, mas o convívio está inibido; em que os elementos linguísticos estão lá, mas falar o que

---

140. Cf. HEIDEGGER, M. "O que é metafísica?" *Conferências e escritos filosóficos*. São Paulo: Nova Cultural, 2005, p. 57-60 [Col. Os pensadores] [Trad. Ernildo Stein].

for sobre o que quer que seja é indiferente, afinal: "a angústia nos corta a palavra"[141].

É uma indiferença fenomenológica radical o que o ser-no-mundo experimenta quando a angústia originária se abate sobre a existência (!). Suspenso das conjunturas ocupacionais e significativas do mundo fático sedimentado e, em decorrência disso, desincumbido das azáfamas da existência cotidiana, o ser-aí se vê forçado a um encontro consigo próprio. Nesse encontro, se faz patente a ele sua indigência ontológica, ou seja, o ser-aí se faz ciente de sua indeterminação originária, de sua não determinação positiva, de sua condição de ente não substancial[142]. Compreendendo-se como um ente que *pode-ser*, o ser-aí se depara igualmente com a possibilidade de *nada ser*; é por isso que Heidegger afirma que "é precisamente daquilo de que foge que o ser-aí corre 'atrás'"[143]. A angústia, assim, expõe o ser-aí à insignificância de seu mundo e evidencia a ele a negatividade constitutiva de seu próprio ser ou, dizendo de outro modo, a angústia fornece evidência fenomenológica ao ser-aí do *fundamento nulo do nada que*

---

141. Ibid., p. 57.

142. Uma melhor caracterização da negatividade constitutiva do ser do ser-aí se verá na lição que se segue.

143. HEIDEGGER, M. *Ser e tempo.* Op. cit., p. 517.

ele é[144], o que, para Heidegger, acarreta a angústia existencial.

Isentando-nos do tom dramático que a descrição dessa situação excepcional possa adquirir, é preciso acrescentar que a angústia, existencialmente falando, não consiste exatamente em um mal ao ser-no-mundo. Pelo contrário, ao antecipar o caráter finito do ser-aí, ela oportuniza ao ser-aí um momento de liberdade do poder diretivo do mundo faticamente consolidado, permitindo que o ser-aí escolha outros modos autênticos de existir[145]. Heidegger nos fala sobre isso de maneira pregnante:

> A angústia revela o ser-aí para o *ser para o poder-ser* mais próprio, isto é, o *ser livre para* a liberdade do a-si-mesmo se-escolher e se-possuir. A angústia põe o ser-aí diante do seu *ser livre para...* (*propensio in...*), a propriedade do seu ser como possibilidade que ele sempre já é[146].

Então, qualquer um que experimente angústia se vê imediatamente reconduzido à propriedade? Quem quer que se angustie se tornaria automatica-

---

144. Como é possível chamar com a feliz terminologia que Sartre usa para se referir à estruturação negativa da realidade humana. Cf. SARTRE, J.-P. *O ser e o nada*. Petrópolis: Vozes, 2001 [Trad. Paulo Perdigão].

145. Cf. HAAR, M. *Heidegger e a essência do homem*. Lisboa: Piaget, 2012, p. 166 [Trad. Ana Cristina Alves].

146. HEIDEGGER, M. *Ser e tempo*. Op. cit., p. 525-526.

mente autêntico? Bastaria se angustiar para indutivamente se ver singularizado? Evidente que não; por isso utilizamos acima o termo *talvez*. Como foi dito, a angústia oferece a ocasião do ser-aí experimentar o horizonte compreensivo do mundo enquanto tal, de um rearranjo possível dos sentidos da existência do ser-no-mundo. Esse novo arranjo, após a retomada da dinâmica projetiva do existir, pode simplesmente redundar num retorno aos antigos projetos de sentido (o que resultaria numa retomada do modo com que naturalmente o ser-aí atua no mundo e, nesse caso, numa recaída ainda mais absorvente nas lidas anteriores) ou, por outro lado, escolher a superação da experiência da não verdade reinterpretando a facticidade do mundo a partir de novos projetos de sentido alinhados à maneira própria do ser-no-mundo existir. Dizendo com Haar: "Na 'noite em branco' da angústia desvela-se a *possibilidade* de uma decisão instantânea, a repetição radical que para ser autêntica deve voltar às condições mais elementares do ser-lançado"[147].

Mas como ser-aí saberia, afinal, quais seriam os sentidos próprios à sua existência? A resposta para isso está na noção fenomenológica de "consciência". O que Heidegger chama neste momento de consciência em nada tem a ver com o *"Bewusstsein"*, que aparece no apogeu da filosofia do sujeito

---

147. HAAR, M. *Heidegger e a essência do homem*. Op. cit., p. 80.

em filósofos como Hegel. A consciência em questão aqui é *"Gewissen"* e é mais bem-compreendida enquanto uma "voz da consciência".

Tomada estritamente nos domínios da analítica fenomenológica do ser-aí, a voz da consciência (que nada tem de verbal)[148] é um modo característico da abertura do mundo se expressar. Por meio dessa, descortina-se compreensivamente ao ser-aí a possibilidade de uma existência que se realizaria de modo afim ao seu caráter ontológico de possibilidade. A voz da consciência, assim, chama (*rufen*) o ser-aí à responsabilidade por suas possibilidades de serem mais próprias no horizonte do mundo, horizonte do qual pode surgir o indício capaz de reconduzir este ente ao seu poder-ser-si-próprio[149]. Tal chamado é sempre a convocação por decidir pela autenticidade do ser-no-mundo, o que se opera mediante a acolhida, por parte do ser-aí, de sua indeterminação ontológica originária e da consequente tarefa de cuidar, sempre e a cada vez, por ser aquele que existe em vista da conquista de si próprio. Nosso movimento de exposição se arremata com Heidegger, quando o filósofo nos diz que:

> A voz da consciência revela-se como o chamado do cuidado [...]. Aquele que é requisitado é precisamente esse ser-aí des-

---

148. Cf. HEIDEGGER, M. *Ser e tempo*. Op. cit., p. 769.

149. Cf. ibid., p. 739.

pertado para assumir o seu poder-ser mais próprio. [...] O chamado da consciência, isto é, esta mesma tem sua possibilidade ontológica no fato de que, no fundo de seu ser, o ser-aí é cuidado[150].

Ora, mas o que significa a afirmação de Heidegger segundo a qual o ser-aí em seu ser é cuidado? A resposta a esta indagação é o que teremos na próxima lição.

---

150. Ibid., p. 762-763.

NONA LIÇÃO

Sobre ser constitutivamente *cuidado*

O dito do destino está cumprido,
Homem significa este ser;
na vida ele pertence ao Cuidado,
à Terra e a Deus quando morrer[151] [152].

---

151. "Des Schicksals Spruch ist erfüllet, / Und *Mensch* heisst dieses Geschöpf; / Im Leben gehört es der Sorge, / Der Erd' im Sterben und Gott" (HERDER, J.G. *Werke*. Erster Theil – Gedichte. Berlim: Hempel, 1879, p. 20 [Org. Heinrich Düntzer] [Trad. do autor].

152. Nossa epígrafe (estrofe final do poema *O filho do Cuidado*, do poeta romântico alemão Johann Gottfried von Herder) é mais do que apenas um adorno a essa lição. Ele vem lembrar que Heidegger busca evidenciar que uma compreensão do cuidado, enquanto um modo existencial de ser-aí, já se dá no testemunho pré-ontológico dos poetas antes mesmo de uma análise existencial. Buscando uma confirmação dos seus achados fenomenológicos, Heidegger passa à interpretação da fábula de Higino no § 42 de *Ser e tempo*. Tomados pela impressão provocada por essa antiga alegoria, pouca gente atenta para a nota de rodapé na qual Heidegger declara ter tido contato com o texto do sábio latino posteriormente à leitura do distinto ensaio de Konrad Burdach sobre o *Fausto* de Johann W. von Goethe. Nesta obra, segundo Heidegger, Burdach assinalara que Goethe usou a concepção de cuidado no seu poema trágico, tomando-a de Herder, poeta que, por sua vez, a herdara, em primeira mão, da aludida fábula latina. Em *Ser e tempo*, Hei-

105

Em mais de um lugar em *Ser e tempo*, Heidegger nos diz que "compreendido *ontologicamente* o ser-aí é cuidado"[153]. O reforço a essa afirmação se deve ao fato de o ser do ser-aí depender de sua existência, e esta, por sua vez, ser constitutivamente marcada pelo cuidado. Mas o que significa afirmar isto? Afinal, também esta afirmativa acaba sendo tão hermética quanto a de Heidegger.

Tendo visto que a angústia revelou ao ser-aí, de modo direto e imediato, que ele é fundado na negatividade de seu ser, e que essa indeterminação fundamental se traduz num poder-ser, temos o ser-aí projetado essencialmente para possibilidades. Isso significa que o ser-aí tem seu ser "em jogo" e tudo o que o ser-no-mundo pode ser na existência se define numa maneira especial de conjugar essas possibilidades[154]. Este modo existencial peculiar é o *cuidado*.

---

degger chega a mencionar, por duas vezes, *O filho do Cuidado* sem, entretanto, reproduzi-lo (HEIDEGGER, M. *Ser e tempo*. Op. cit. p. 551, 553). Esta nota erudita no início de nossa lição se justifica por ambientar o resgate dessa parte eloquente do poema de Herder, o mesmo que, uma vez comparado ao texto de Higino, nos permite depreender que existe uma ênfase no fato peculiar de a experiência humana dizer respeito indissociavelmente ao cuidado, ou ainda, que: "o homem deverá pertencer ao cuidado, que primeiro o criou, enquanto existir" (ibid., p. 553).

153. Ibid., p. 181.

154. Os conceitos de "ser-para-a-morte" e "decisão antecipadora" também têm participação aqui. Recomenda-se a este respeito a leitura do capítulo VI de WRATHALL, M. *How to Read Heidegger*. Londres/Nova York: Norton & Company, 2006, p. 58-70.

O "cuidado" (*Sorge*) é o que há de mais essencial na existência do ser-no-mundo[155], de sorte que a "ocupação" (*Besorge*) junto aos utensílios e a "preocupação" (*Fürsorge*) com os outros são modalidades derivadas da primeira[156]. Com essa indicação, até poderíamos pensar na seguinte fórmula: *ocupo-me das coisas; preocupo-me por alguém e cuido de ser quem sou*[157]. Ainda que didaticamente bem-intencionada, esta formulação não pode pretender rigor, pois, dizendo tão somente isso, passaríamos a errônea ideia de que cuidar seria uma operação *solipsista*, quando o cuidado originário é mais do que apenas relação do ser-aí consigo mesmo.

Em qualquer momento de sua existência, o ser-no-mundo se projeta para um mundo que possui uma situação fática especificamente constituída[158]. Isso faz com que o ser-aí seja o que é a partir desse mundo no qual ele já está desde sempre lançado. Ao retornar à dinâmica projetiva, passada a crise patética da angústia, o cuidado retoma também a facticidade do mundo que sempre foi o seu. A angústia *pode* oferecer ao ser-aí um modo singulariza-

---

155. Cf. HEIDEGGER, M. *Ser e tempo*. Op. cit.

156. É o que indica o radical "*-sorge*", nos dois últimos termos alemães, adotados por Heidegger.

157. Cf. KAHLMEYER-MERTENS, R.S. *Heidegger & a educação*. Belo Horizonte: Autêntica, 2008, p. 29.

158. Cf. HEIDEGGER, M. *Ser e tempo*. Op. cit.

do de tomar pé na semântica desse mundo fático[159], um modo outro segundo o qual o ser-aí "é conduzido precisamente, em um sentido extremo, [para] diante de seu mundo como mundo, conduzindo-o, assim, diante de si mesmo como ser-no-mundo"[160].

Uma singularização é o que se experimenta quando a existência se faz orientada por sentidos projetados pelo ser-no-mundo, existir que apropria o *aí* em favor de suas *possibilidades* mais próprias. Compreendido pela fenomenologia existencial, o cuidado se mostra como uma relação diversa do ser-aí com o espaço fenomenal de realização de seu ser. Assim, desde o cuidado, o ser-aí singular se sabe como um ente que (não possuindo determinações originárias) é no mundo inevitavelmente condicionado pelas significações fáticas do mundo; sem, no entanto, deixar que essa semântica mundana o determine impessoalmente[161].

Mas isso seria realmente possível? Como um ser-no-mundo autêntico promoveria tal reordenação? Seria possível exemplificar o cuidado desse *ser-aí* singular no *aí* de seu mundo? Ora, Heidegger nunca se arriscou a dar exemplos de singulares,

159. Ibid.

160. Ibid., p. 527.

161. Cf. MERKER, B. "Die Sorge als Sein des Daseins" (§ 39-44). In: RENTSCH, T. (org.). *Martin Heidegger – Sein und Zeit.* Berlim: Akademie, 2007, p. 117-132.

contudo, presumimos que uma ilustração do que tratamos possa ser dada, de modo acertado, a partir de um trecho de uma *carta que Vincent Van Gogh escreve a seu irmão Théo, por volta de novembro de 1883*[162]:

> Se algo em seu íntimo lhe disser: "você não é pintor", *é então que você deve pintar*, meu velho, e também esta voz se calará, mas somente dessa maneira. [...] É preciso, assim, pôr-se ao trabalho com firmeza, com uma certa consciência de que o que você está fazendo está de acordo com suas razões[163].

Van Gogh nos diz que algo insinua o fato de ele não ser pintor. O *não ser pintor*, entretanto, não indica aqui a insuficiência de uma habilidade específica ou de conhecimentos técnico-pictóricos, refere-se muito mais à negatividade estruturadora

---

162. Nossa escolha não se faz de modo aleatório, tampouco à revelia de nosso filósofo. Gadamer relata que Heidegger, nos idos da Primeira Guerra Mundial, já conhecia as cartas de Van Gogh e tinha apreço pela ideias ali consignadas, como se vê aqui: "Naquela época, tinha acabado de ser lançada a correspondência de Van Gogh, cujo ímpeto pictórico furioso correspondia ao sentimento vital desses anos. Extratos dessas cartas achavam-se sob o tinteiro de Heidegger em sua escrivaninha e eram vez por outra citadas em suas lições". GADAMER, H.-G. *Hegel-Husserl-Heidegger.* Petrópolis: Vozes, 2012, p. 254 [Trad. Marco Antônio Casanova].

163. VAN GOGH, V. *Cartas a Théo.* Porto Alegre: LP&M, 1991, p. 76-77 [Trad. Pierre Ruprecht].

do ser que Van Gogh é enquanto ser-aí[164]. Assim, o *ser pintor* não é uma determinação ontológica positiva de Van Gogh, isso porque, como qualquer outro ser-aí, a existência de Van Gogh é marcada pelo nada de seu poder-ser[165]. Pintar, portanto, é uma *ocupação essencial* para Van Gogh, pois é justamente por meio dessa que ele se faz pintor; precisamente por pintar, Vincent Van Gogh vem a ser quem singularmente é. O trecho em questão – ao corroborar com nossa epígrafe – permite que entrevejamos que, diante do constante débito/culpa (*Schuld*) que o ser-aí tem com seu ser, este ente precisa cuidar por se originar ontologicamente durante seus comportamentos no mundo fático, ou seja, *o ser-aí é quem é enquanto cuida por ser na existência*. Com isso se evidencia a articulação ontológico-existencial que o ser-no-mundo tem com o mundo, laço que mostra que o poder-ser do ser-aí está correlacionado às possibilidades de realização de seu mundo. É exatamente por esse motivo que Heidegger afirma que a *"facticidade* [o *aí* do ser-aí] é a designação para o caráter ontológico de 'nosso'

---

164. Sartre, apropriado como intérprete da filosofia de Heidegger, teria novamente a acrescentar aqui quando diz a este respeito que: "trata-se de constituir a realidade humana [ser-aí] como ser que é e não é o que é". Cf. SARTRE, J.-P. *O ser e o nada*. Op. cit., p. 105.

165. Cf. ibid. (esp. o capítulo II, reservado à concepção de *má-fé*).

110

ser-aí mais 'próprio'"[166], sugerindo, mais tarde, que o que está em questão no ser-aí melhor se expressaria se pensado com "ser-o-aí"[167].

Dessa maneira se reforça que o ser-aí, ao cuidar, é aquele que rearticula sua própria existência (da qual ele estava disperso) de modo a singularizar-se. Mas isso, todavia, não significa dizer que ele, doravante, se moverá num universo paralelo contemplando "intuições essenciais" ou "compreensões originárias". Ora, mesmo singularizado, o ser-no-mundo não seria capaz de abdicar do mundo que é o seu (tampouco da facticidade intrínseca a este)[168], uma prova disso é que Van Gogh dormia em um quarto, e o uso que fazia dele e de seu mobiliário (cadeiras, mesa de cabeceira, cama, quadros...) era similar ao que qualquer outra pessoa daquele tempo faria cotidianamente; seus apetrechos de pintura (tubos de tinta, paleta, pincéis, espátulas, óleos e solventes...) significavam para ele o mesmo que significavam ao balconista que os vendeu; os conceitos da arte de sua época eram conhecidos por Van Gogh e compartilhados com

---

166. HEIDEGGER, M. *Ontologia* – Hermenêutica da facticidade. Op. cit., p. 13.

167. Cf. HEIDEGGER, M. *Brief über den humanismus.* Op. cit., p. 158.

168. Cf. BLATTNER, W. *Heidegger's Being and Time.* Londres/ Nova York: Continuum, 2006, p. 44.

todos os que dividiam aquela mesma cena histórica (artistas, críticos, *marchands*, colecionadores...)[169]. No entanto, no trecho acima, o pintor nos diz que é preciso ter consciência de que seu trabalho deve se orientar segundo suas próprias razões, neste caso, as razões de Van Gogh. Isso quer dizer que, desde o cuidado, o ser-aí existe de modo a apropriar-se continuamente de seu ser a partir de projetos de sentido que orientam tal existência. No modo de existir orientado pelo cuidado (por mais que se lide com um mundo que possui condicionamentos fáticos) não se transige com as diretivas da cotidianidade mediana; antes, se decide por atender aos propósitos mais próprios do ser-no-mundo. Em suma: cuidar é comportar-se de modo a rearranjar interpretativamente a existência fática segundo sentidos que vêm servir aos projetos do ser-aí autêntico incomparavelmente.

Ao indicarmos que o ser-aí desde o cuidado trava nova relação com o componente modal da possibilidade de seu ser; apontando, conjuntamente, o apropriar de si próprio como o que envolve novos projetos de sentido, não podemos deixar de destacar que a conexão da facticidade com o poder-ser desse

_____

169. Como se constata em outra carta em que Van Gogh, por volta de novembro de 1888, comenta artistas e ideias contemporâneas com seu irmão Théo. Cf. VAN GOGH, V. *Cartas a Théo*. Op. cit., p. 227-231.

singular traz consigo o elemento temporal-histórico. Isso porque no trato com o mundo fático nos relacionamos com a historicidade desse mundo, com aquilo que histórico-existencialmente se consolidou numa facticidade específica. Afirmar isso, no entanto, não significa que a existência fática tenha um acento no tempo passado. A partir da facticidade sedimentada de seu mundo – ao projetar sentidos existenciais – o ser-aí não apenas estabelece propósitos em virtude dos quais seus comportamentos se operarão, quanto inaugura um espaço fenomenal privilegiado para compreender as determinações ontológicas do mundo, reinterpretar o modo de ser dos entes e, por sua vez, o sentido do *ser*[170].

Apesar de tudo que se disse aqui do cuidado e da singularidade a ele relacionada, é comum encontrar esse sendo herdado apenas como um tema de uma suposta "filosofia existencial" heideggeriana. Contudo, se nos conservarmos na proximidade do projeto que dá a linha mestra da filosofia de Heidegger, a ontologia fundamental, o que parece ser crucial no cuidado seria a tentativa do filósofo sustentar que o ser-aí, ao passo em que se singulariza, poderia promover alterações definitivas no horizonte globalizante de sentido que o mundo é. É o que veremos adiante.

---

170. Cf. FIGAL, G. *Martin Heidegger*: Fenomenologia da liberdade. Op. cit.

Décima lição

Da filosofia do tempo à "viragem" do pensamento

Mesmo apresentadas as concepções de *impropriedade*, *angústia* e *cuidado*, estaríamos longe de ter exaurido o grande volume de descrições fenomenológicas e análises existenciais que *Ser e tempo* ainda traz em sua segunda parte. Nesta, também relacionada à noção de cuidado, encontramos a *temporalidade*, existencial que desempenhara um papel de destaque não apenas na constituição do ser-aí quanto para a filosofia futura de Heidegger e que, por isso mesmo, nos obriga a uma caracterização suficiente.

Do ângulo da análise fenomenológica do ser-aí, a "temporalidade" (*Zeitlichkeit*) está intimamente ligada ao modo com o qual o ser-aí existe[171]. Por meio da temporalidade, Heidegger pensa – com vistas ao cuidado – uma modalidade ontológica

---

171. Cf. HEIDEGGER, M. *Ser e tempo*. Op. cit., § 65.

115

do ser-aí em sua existência. Isso quer dizer que "a essência temporal do ser-aí é pensada a partir do cuidado e, em contrapartida, o cuidado só se experimenta de maneira suficiente em sua essência temporal"[172].

Ao pensar fenomenologicamente uma experiência existencial do tempo, nos opomos à maneira derivada (ôntica, existenciária) com a qual este é cotidianamente interpretado. Nesse caso, existir seria uma dinâmica existencial, um "temporalizar--se"[173]. Existencialmente, o ser-aí se temporaliza observando instantes temporais (= *ekstases*): o "sido" (*Gewesenheit*), modalidade de passado que indica que o que foi continua influente no ser-aí que presentemente sou; o "presente" (*Gegenwart*), registro de tempo que assinala o *ethos* desde o qual a existência presente se realiza, e o "porvir" (*Zukunft*), modalidade temporal que aponta para a possibilidade existencial de realização futura[174]. Assim, "enquanto essência temporal ou *ek-stasis* do ser-aí,

---

172. SCHÉRER, R. & KELKEL, A.L. *Heidegger* – O la experiencia del pensamiento. Madri: Edaf, 1981, p. 95 [Trad. Bartolomé Parera Galmes].

173. O que, por si só, já supera uma interpretação ôntica do tempo (cronológica) segundo a qual este se trataria de uma sucessão empírica e autônoma de instantes, passível de ser dividida em *passado*, *presente* e *futuro* e desde a qual já sempre "teríamos" ou "estaríamos" no fluxo incontinente do tempo.

174. Cf. FIGAL, G. *Heidegger zur Einführung*. Op. cit., p. 81.

o cuidado permite uma estrita aproximação ao que é o tempo do ser-aí, a sua 'temporalidade'"[175].

No âmbito da *analítica existencial*, a importância que Heidegger confere à temporalidade está no fato de nela residir *a unidade originária da estrutura do cuidado*[176]. Isso porque, ao se temporalizar no processo de ex-sistir, o ser-aí entrevê sua finitude, o que o ajuda a delinear o cuidado existencial, bem como, por meio deste, o "trazer à tona" a totalidade do todo estrutural do ser-aí (que não é evidente ao ser-aí cotidiano).

Assim, desde o cuidado, temos a transparência da articulação originária entre a existencialidade do ser-aí (enquanto um modo com o qual nos antecedemos a nós mesmos na medida em que *exis*timos), a facticidade (ao passo em que somos *aí, em* um mundo) e a decadência (como a possibilidade de existirmos impessoalmente e nivelados aos entes intramundanos)[177]. Mas quando o que está em questão é a *ontologia fundamental*, Heidegger tem outros interesses na temporalidade. Nessa, o filósofo procura delimitar um projeto de sentido desde a existência singular que seja capaz de rearticular a temporalidade extática do ser-no-mundo à factici-

---

175. SCHÉRER, R. & KELKEL, A.L. *Heidegger* – O la experiencia del pensamiento. Op. cit., p. 95.

176. Cf. HEIDEGGER, M. *Ser e tempo*. Op. cit., p. 891.

177. Ibid.

dade de um mundo histórico[178] (tentativa que, com algum direito, se apoia na evidência de que a historicidade do ser-aí se faz compreensível, em *Ser e tempo*, a partir da estrutura da temporalidade; o que, como veremos, é diferente quando se trata da noção de história do mundo)[179]. Isso quer dizer que, em *Ser e tempo*, Heidegger ainda aposta na temporalidade do projeto singular de um ser-aí como capaz de rearranjar interpretativamente a existência fática do mundo segundo seus sentidos mais próprios; em tal presunção, acreditava possível que a temporalidade existencial do ser-aí seria capaz de promover uma reordenação do mundo fático a ponto de o mundo passar a ter outra determinação histórica.

Mais do que em dificuldades específicas, Heidegger esbarrará em uma impossibilidade ao arriscar tal manobra, isso porque pretender tal reorganização significaria sincronizar a temporalidade do mundo à do ser-aí. Dizendo de modo claro: no intuito de garantir os campos de sentido do *ser* em seu acontecimento temporal (através do modo com que este constitui o horizonte de significados historicamente consolidados que é o mundo), Heidegger

---

178. Cf. GANDER, H.-H. "Existentialontologie und Geschichtichkeit" (§ 72-83). In: RENTSCH, T. (org.). *Martin Heidegger* – Sein und zeit. Berlim: Akademie, 2007, p. 229-252.

179. Cf. FIGAL, G. *Martin Heidegger*: Fenomenologia da liberdade. Op. cit., p. 249.

tenta fazer coincidir o tempo histórico do mundo (*Temporalität*) à temporalidade *extática* do ser-aí (*Zeitlichkeit*)[180], o que seria, *grosso modo*, um esforço inócuo por compatibilizar o tempo do *ser* à temporalidade do humano.

Heidegger logo se dá conta da incompatibilidade ontológica que há entre essas duas instâncias, e de que o impedimento que a ontologia fundamental passa a enfrentar a partir daí não seria apenas uma reles aresta passível de ser corrigida durante a execução do projeto. O obstáculo que se apresenta ao filósofo lhe imporá uma revisão geral das condições de pensabilidade das referidas questões. Por esse motivo, Heidegger deixa de trazer a público a terceira seção de *Ser e tempo* na qual estaria programada a desconstrução das filosofias de Kant, Descartes e Aristóteles. A falta de uma justificativa do filósofo para a incompletude de *Ser e tempo* e a publicação de trabalhos posteriores, como a preleção *Problemas fundamentais da fenomenologia* (1927) e *Kant e o problema da metafísica* (1929), reforçavam os boatos de que a obra teria fracassado e que Heidegger ainda tentava salvar partes do programa original executando-as em obras avulsas.

Deixando entregues a eles mesmos os rumores de que *Ser e tempo* não teria ido além de um

---

180. Cf. FIGAL, G. *Heidegger zur Einführung*. Op. cit., p. 89.

beco sem saída, e sabendo a diferença entre pensar em face ao risco do fracasso e fracassar definitivamente com o pensamento, seria apenas em 1946, naquela que ficou conhecida como *Carta sobre o humanismo*[181], que Heidegger se pronunciaria sobre os motivos que o levaram a reformular as condições segundo as quais as questões de *Ser e tempo* se tornariam possíveis. Para ele, o trânsito de sua fenomenologia do tempo em direção à constituição de ontologias históricas foi, em parte, dificultada pelo fato de sua filosofia do tempo ter fracassado, não obtendo sucesso devido à insuficiência da linguagem da metafísica que invariavelmente usamos. Para nós, a alegação de que o suposto fracasso de *Ser e tempo* teria sido em decorrência de limitações da gramática ou da lógica com as quais a tradição sempre se expressou é menos convincente do que as fortes evidências de superestima depositada sobre o projeto da hermenêutica da facticidade, com o qual se supunha sustentar que alterações substanciais no mundo histórico poderiam ser deflagradas pelos comportamentos do ser-aí singularizado na facticidade de seu mundo[182].

---

181. Cf. HEIDEGGER, M. "Brief über den Humanismus". *Wegmarken*. Op. cit., p. 159.

182. Para tornar mais concreto o quanto tal pretensão heideggeriana é inexequível, recorramos novamente à figura paradigmática de Van Gogh, mencionada na lição anterior: nos termos acima, ainda que incontestável a singularidade daquele pintor, seria demasiado

Ainda na *Carta sobre o humanismo*, Heidegger reconhece que seu pensamento precisou passar por uma "viragem" (*Kehre*). Temos plena clareza de que essa guinada do pensamento heideggeriano está longe de ser um movimento aleatório ou arbitrário e, do mesmo modo, não consiste num abandono completo daquilo que *Ser e tempo* conquistou. Na avaliação do filósofo: "A viragem não é uma modificação da visada de *Ser e tempo*, mas, nesta viragem, [está] o pensar que ousa alcançar o horizonte a partir do qual *ser* e *tempo* foram inicialmente compreendidos [...]"[183]. Tal virada constitui, assim, uma reversão de curso no pensamento de Heidegger que tenta, no mesmo horizonte, achar um solo mais originário desde o qual se possa conquistar condições para repensar as questões e os achados fenomenológicos de *Ser e tempo*.

---

esperar que seus projetos existenciais e respectivos comportamentos promovessem uma alteração tão decisiva naquilo que a história consolidou na facticidade de seu mundo, a ponto de termos uma total ressignificação da mesma. Ora, para isso seria preciso que a pessoa e o significado da obra de Van Gogh se confundissem de tal modo com o princípio ontológico estruturador do mundo a ponto de acontecer uma nova determinação para a abertura do ente na totalidade. Ao afirmarmos isso, entretanto, não descartamos que alguém como Van Gogh seja capaz de transformar os círculos mais estreitos de seu mundo e de, até mesmo, promover alguma modificação mais ampla quando se trata de pensar significados e comportamentos de grupos específicos (como, p. ex., os ligados à arte).

183. Ibid., p. 159.

Se for correto afirmar que Heidegger não teve sucesso ao levar sua fenomenologia da temporalidade a uma história do ser[184], é preciso fazer justiça ao acrescentar que, posteriormente, o filósofo submete aquilo que inicialmente fora formulado na chave de uma ontologia fundamental a uma autocrítica[185]. O saldo positivo desta é uma reorientação que reposiciona o projeto filosófico de Heidegger de modo a não mais pretender que a dinâmica temporal do ser-aí seja critério para se pensar o acontecimento do mundo. A diretriz mais fundamental desse reposicionamento é algo que se traduz no intento de colocar em questão o acontecimento do *aí* como a abertura do ente na totalidade, partindo do que há de ontológico.

A viragem cria um novo cenário para o pensamento de Heidegger. Com essa, falar de tempo e história não é mais feito segundo os moldes daquilo que outrora se designava sua analítica existencial; a partir dessa, o ser-aí (outrora tratado sob a chancela do ente que compreende *ser*) assume posto coadjuvante na redefinição de papéis que visa o acontecimento temporal do mundo. A partir daqui,

---

184. Cf. SCHÉRER, R. & KELKEL, A.L. *Heidegger* – O la experiencia del pensamiento. Op. cit., p. 93.

185. Cf. KAHLMEYER-MERTENS, R.S. "Da centralidade do conceito de 'diferença ontológica' em Contribuições à filosofia". In: WU, R. (org.). *Heidegger e sua época (1930-1950)*. Porto Alegre: Clarinete, 2014, p. 186.

no âmbito da filosofia tardia de Heidegger, o ser-aí passará a não ser mais o ente por meio do qual o *ser* é pensado e o próprio mundo se constitui; será aquele que acompanhando a história do *ser* pode rastrear seus indícios e expressá-los. Desta feita, pensar a questão do *ser* neste novo momento do pensamento de Heidegger significa situar a questão ontológico-fundamental no âmbito de seu aconteci-mento, de sua verdade[186].

Se nos for permitido, ao final desse movimento de exposição, avaliar os resultados que esse encami-nhamento de Heidegger rende ao seu pensamento, será necessário reconhecer, então, que a experiên-cia do seu pensamento tardio o levou muito mais alto do que o teria levado a filosofia de *Ser e tempo*. Ao que parece, esta avaliação está em sintonia com a leitura de alguns mais proeminentes intérpretes de Heidegger, é o que, afinal, vemos quando Gada-mer comenta o significado da viragem utilizando a linguagem do filósofo da Floresta Negra:

> A viragem é a virada do caminho que con-duz ao alto da montanha. Não se dá nesse caso uma volta. Ao contrário, é o próprio caminho que se volta para a direção opos-ta – para levar para cima. Não foi à toa que Heidegger chamou uma importante coletânea de seus trabalhos posteriores

---

186. Cf. HEIDEGGER, M. "Beiträge zur Philosophie (Vom Ereig-nis)". *Gesamtausgabe*. Op. cit., p. 73.

Caminhos da floresta. Esses caminhos são aqueles que não levam adiante, mas que obrigam as pessoas de repente a entrarem na mata fechada ou retornarem. Mas permanece o alto[187].

---

187. Cf. GADAMER, H.-G. *Hegel-Husserl-Heidegger.* Op. cit., p. 357.

Conclusão

O saldo de nossas *10 lições sobre Heidegger* pode ser dito aqui de maneira categórica: Em nossa *Primeira lição*, fizemos por onde apresentar uma nota biobibliográfica de nosso filósofo. Esta foi estabelecida a partir de passagens de seus próprios textos e dos elementos fornecidos por seus comentadores e biógrafos. Em vez de apenas um relato de vida e obra, também problematizamos brevemente, nesse tópico, o que significa biografar um filósofo ressaltando o quanto essa prática é *hermenêutica*. Na *Segunda lição*, esclarecemos que o projeto filosófico de Heidegger tem como propósito mais primordial a questão do *ser* (e que isso seria observado em sua obra como um todo). Pareceu-nos significativo enfatizar que Heidegger não corresponde exatamente ao perfil do filósofo existencial (menos ainda ao que se convencionou chamar de "existencialista"). Na mesma lição, foram expostos os termos da *ontologia fundamental*.

A exibição do projeto da ontologia heideggeriana requereu de nós, na *Terceira lição*, um movimento de exposição do papel que a fenomenologia teria no referido projeto. Em uma breve notícia histórica, também mostramos como a estrutura da *intencionalidade* foi apropriada por Husserl de modo a ele, com esta, inaugurar a fenomenologia. Após, mostramos que a fenomenologia husserliana ainda constitui um método fenomenológico, posicionamento que será revisado por Heidegger ao propor, em lugar do método, uma *atitude fenomenológica*. Na nossa *Quarta lição*, destacou-se o modo com o qual o componente hermenêutico é introduzido no projeto da ontologia fundamental. Vimos ali que, a despeito de seu apreço à fenomenologia, Heidegger recorreu à hermenêutica diltheyana para formular o projeto de sua hermenêutica da existência fática, manobra que complementaria a fenomenologia de matriz husserliana de modo a servir aos propósitos de sua ontologia. Eis por que tratamos, na *Quinta lição*, do projeto desconstrucionista heideggeriano. Com esse momento, além de ressaltarmos o caráter hermenêutico daquela empresa, indicamos o quanto tal projeto liberta a investigação ontológica das interpretações tradicionais que governam o destino da filosofia, permitindo retomar as questões filosóficas em sua facticidade mais própria e reconduzi-las a serem fenomenologicamente pensadas. Por meio da *Sexta lição* esboçamos o projeto filosófico da analítica existencial. A análise do ser-aí, naquele contexto, foi caracterizada como a *via de acesso* à questão do *ser*, uma vez que o exame fundamental do ser-aí seria necessário para determinar fenomenologicamente o modo existencial do ente que compreende *ser*.

Nossa *Sétima lição* introduziu o modo com o qual o ser-aí é no mundo; nesse contexto, as descrições dos conceitos de ocupação, decadência, impropriedade e impessoal nos ofereceram bastante capital para as análises que aconteceram nas lições posteriores. A *Oitava lição* não apenas ofereceu o que Heidegger chama de tonalidades afetivas (estruturas que apontam os modos com os quais o ser-no-mundo geralmente se encontra), quanto oportunizou a entrada em cena da concepção de *angústia*. Com a descrição fenomenológica dessa tonalidade afetiva paradigmática foi-nos possível indicar como a crise existencial radical que ela dispara pode suspender os projetos de sentido do ser-aí, fazendo com que este se torne livre do poder prescritivo da significância do mundo e possibilitando sua inserção numa conjuntura desde a qual ele possa decidir por projetos próprios a sua existência. Um desdobramento disso é o que temos na *Nona lição*, quando a existência em face de projetos existenciais próprios se mostra enquanto singularidade no cuidado. O cuidado, assim, foi caracterizado como a essência do existir

127

e, ao mesmo tempo, o existencial que responde pela unidade estrutural do ser-aí.

Na lição final, a noção de cuidado voltou a ser revisitada em face do existencial temporalidade. Esta, apresentada como *o sentido ontológico da existência do ser-aí*, se opôs ao conceito empírico de tempo e acentuou o caráter dinâmico da existência do ser-no-mundo. A tematização da temporalidade (que, como vimos, tem papel crucial na obra de Heidegger) acabou por suscitar, em nosso trabalho, uma série de ponderações acerca da tentativa heideggeriana de articular o domínio existencial do ser-no-mundo ao ontológico do mundo. A inviabilidade de contar com a temporalidade extática do ser-aí no intento adiantado de explicar a criação de ontologias históricas tornou-se, com isso, imediatamente apreensível. Do mesmo modo se tornou mais claro por que a obra *Ser e tempo* só teria tido sucesso parcial e por que as implicações ontológicas desse fracasso teriam levado Heidegger à "viragem" do seu pensamento. Reviravolta que, como enfatizamos, foi a saída da *fenomenologia ontológica* ao pensamento de acontecimento do *ser*.

Estivemos movidos pelo propósito de introduzir a filosofia de Martin Heidegger. Para chegar a este objetivo, nos detivemos prioritariamente nos projetos que o filósofo desenvolveu na juventude e primeiros anos da maturidade de seu pensamento

(1921-1927). Tal opção se deveu à orientação inteiramente plausível de que um primeiro contato com este pensamento deve partir de seu início[188]. Este nosso posicionamento permitiu tornar compreensível que o que Heidegger conquista nesse primeiro período, de certa forma, condiciona seu pensamento tardio, pois qualquer ajuste ou retomada futura de posição precisa levar em conta esses primeiros marcos.

Ao adotar, todavia, uma delimitação metodológica que faz com que nossa introdução se concentre especialmente no período de *Ser e tempo* e no seu entorno, o trabalho se reserva o direito de não se ocupar de temas que alguns leitores poderiam reclamar a falta. Poder-se-ia requerer uma apresentação da "filosofia do acontecimento apropriativo", das interpretações inusitadas do *pathos* festivo da poesia (Georg, Hölderlin, Mörike, Rilke e Trakl), da concepção de "diferença ontológica", dos saldos das alentadas preleções sobre Nietzsche e do distinto capítulo sobre a "origem da obra de arte". Considerando com segura distinção a importância desses temas, deliberamos por não contemplá-los aqui, dado a eles poderem exercer, por sua complexidade e peculiaridade intrínseca, uma ação repelente sobre o leitor interessado num primeiro contato com a filosofia heideggeriana.

---

188. Cf. NUNES, B. *Passagem para o poético*. Op. cit., p. 15.

Introduzir a filosofia de Heidegger por seus inícios, no entanto, não significa que nosso leitor ficaria restrito ao período que foi aqui delimitado. Objetamos a isso, pois o presente estudo preparatório forneceu subsídios básicos para que o leitor faça, por sua própria iniciativa, leituras de obras posteriores a *Ser e tempo*, como seria o caso das preleções: *Os conceitos fundamentais da metafísica: Mundo-finitude-solidão* (1929-1930), *Introdução à filosofia* (1928-1929) e, ainda, de conferências e outros textos como: *O que é metafísica?* (1929), *Carta sobre o humanismo* (1946), *O que é isto, a filosofia?* (1955), além dos *Seminários de Zollikon* (1959-1969).

Independentemente de tudo o que foi dito, ainda assim alguns poderiam ser da opinião de que temáticas importantes de *Ser e tempo* não terem sido pontualmente abordadas aqui. Ausência que se explica pelo fato de *nosso livro não se propor a ser um comentário literal de* Ser e tempo (aos que desejam comentários deste tipo, recomendamos os títulos de Richard Polt, Stephen Mulhall e Michael Gelven referenciados em nossa bibliografia).

Nosso trabalho também não se propôs a tratar mais de perto temas horizontais como o diálogo com os contemporâneos de Heidegger (Dilthey, Husserl, Scheler, Jaspers, Fink, Hartmann, Sartre,

Adorno e Gadamer)[189], o que sem dúvida seria um interessante exercício para leitores que desejam conhecer – de maneira generalista – a filosofia do século XX.

É preciso dizer, uma vez mais, incisivamente, que, por cultivarmos a sóbria preocupação de nos mantermos estritamente ligados ao universo *filosófico* de Heidegger, assuntos extrafilosóficos, que geralmente são motivo de celeuma em torno de sua pessoa, também não couberam aqui.

Após esses argumentos conclusivos que permitem que entrevejamos as linhas diretrizes do nosso trabalho (estes que pouco ou nada têm de justificativa ou de escusas), adiantamo-nos em declarar que *10 lições sobre Heidegger* é um livro mais de carências do que de profusão. Afirmá-lo, em vez da constatação resignada de alguma insuficiência teórica – convém assinalá-lo – é reconhecimento do caráter lacunar encontrado, de um modo ou de outro, em todo trabalho que se pretende prolegômeno às ideias de um grande pensador. Mesmo sem abranger por completo o vastíssimo espectro da obra de nosso filósofo, o presente livro se empenha – de boa vontade – em entregar ao leitor algo para que ele não só acolha quanto também saiba corresponder. O a ser acolhido e correspondido é a

---

189. Cf. KAHLMEYER-MERTENS, R.S. *Heidegger & a educação*. Op. cit., p. 65-75.

filosofia de Heidegger, o doado é a possibilidade de um *autêntico* começo de lida com esse pensamento que, como pudemos averiguar, é legado de importância e decisividade.

Referências

ARENDT, H. "Martin Heidegger cumple ochenta años" (1969). In: VOLPI, F. (org.). *Sobre Heidegger* – Cinco voces judías. Buenos Aires: Manantial, 2008 [Trad. Bernardo Ainbinder].

AUBENQUE, P. *Desconstruir a metafísica?* São Paulo: Loyola, 2012 [Trad. Aldo Vannuchi].

BLATTNER, W. *Heidegger's* Being and Time. Londres/Nova York: Continuum, 2006.

BLEICHER, J. *Contemporary hermeneutics*: Hermeneutics as method, philosophy and critique. Londres: Routledge & Kegan Paul, 1980.

BORNHEIM, G.A. *Filosofia da arte, I*. Rio de Janeiro: PPGFIL-Uerj, 2001 [Protocolos de aula].

_____. *L'Etre et le temps*. Paris: Hatier, 1976.

BRENTANO, F. *Psychologie vom empirischen Standpunkt*. Hamburgo: Meiner, 1973 [Org. Oskar Kraus].

CAPUTO, J.D. *Desmistificando Heidegger*. Lisboa: Piaget, 1993 [Trad. Leonor Aguiar].

COTTEN, J.-P. *Heidegger* – Écrivains de toujours. Paris: Seuil, 1974.

DILTHEY, W. "Der Aufbau der geschichtlichen Welt in den Geisteswissenschaften". *Gesammelte Schriften*. Vol. VII. Stuttgart: Vandenhoeck & Ruprecht in Göttingen, 1968.

DREYFUS, H.L. & WRATHALL, M.A. "Uma breve introdução à fenomenologia e ao existencialismo". In: DREYFUS, H.L. & WRATHALL, M.A. (orgs.). *Fenomenologia e existencialismo*. São Paulo: Loyola, 2012 [Trad. Cecília Camargo Bartalotti; Luciana Pudenzi].

FIGAL, G. *Zu Heidegger* – Anworten und Fragen. Frankfurt: Vittorio Klostermann, 2009.

_____. *Oposicionalidade* – O elemento hermenêutico e a filosofia. Petrópolis: Vozes, 2007 [Trad. Marco Antônio Casanova].

_____. *Martin Heidegger* – Fenomenologia da liberdade. Rio de Janeiro: Forense Universitária, 2005 [Trad. Marco Antônio Casanova].

_____. *Heidegger zur Einführung*. Hamburgo: Junius, 1992.

GADAMER, H.-G. *Hegel-Husserl-Heidegger.* Petrópolis: Vozes, 2012 [Trad. Marco Antônio Casanova].

_____. *Hermenêutica em retrospectiva.* Petrópolis: Vozes, 2012 [Trad. Marco Antônio Casanova].

_____. *Verdade e Método II* – Complementos e índice. Petrópolis: Vozes, 2002 [Trad. Enio Paulo Giachini].

_____. "Un écrit 'theologique' de jeunesse". *Interprétations phénoménologiques d'Aristóteles.* Paris, 1976 [Trad. J.-F. Courtine].

GANDER, H.-H. "Existentialontologie und Geschichtichkeit" (§ 72-83). In: RENTSCH, T. (org.). *Martin Heidegger* – Sein und Zeit. Berlim: Akademie, 2007, p. 229-252.

GELVEN, M. *Être et Temps de Heidegger* – Un commentaire littéral. Bruxelas: Mardaga, 1970 [Trad. Catherine Daems et al.].

GRONDIN, J. *Hermenêutica.* São Paulo: Parábola, 2012 [Trad. Marcos Marcionilo].

_____. "Die Wiedererweckung der Seinsfrage auf dem Weg einer phänomenologisch-hermeneutischen Destruktion". In: RENTSCH, T. (org.). *Martin Heidegger* – Sein und Zeit. Berlim: Akademie, 2007, p. 1-28.

HAAR, M. *Heidegger e a essência do homem.* Lisboa: Piaget, 2012 [Trad. Ana Cristina Alves].

HEGEL, G.W.F. *Wissenchaft der Logik* – Das Sein (1812). Hamburgo: Felix Meiner, 1986.

HEIDEGGER, M. *Ser e tempo*. Campinas/Petrópolis: Unicamp/Vozes, 2012 [Trad. Fausto Castilho].

_____. *Ontologia* – Hermenêutica da facticidade. Petrópolis: Vozes, 2012 [Trad. Renato Kirchner].

_____. *Platão*: Sofista. Rio de Janeiro: Forense Universitária, 2012 [Trad. Marco Antônio Casanova].

_____. "Introdução à fenomenologia da religião". *Fenomenologia da vida religiosa*. Petrópolis: Vozes, 2010, p. 7-140 [Trad. Enio Paulo Giachini, Jairo Ferrandin e Renato Kirchner].

_____. "Meu caminho para a fenomenologia". *Sobre a questão do pensamento*. Petrópolis: Vozes, 2009 [Trad. Ernildo Stein].

_____. *¡Alma mia!* – Cartas a su mujer Elfride: 1915-1970. Buenos Aires: Manantial, 2008 [Org. Gertrud Heidegger] [Trad. Sebastián Sfriso].

_____. "'Phenomenology', draft B (of the *Encyclopædia Britannica* article), with Heidegger's letter to Husserl". In: KIESEL, T. & SHEEHAN, T. (orgs.). *Becoming Heidegger*. Illinois: Northwester University Press, 2007.

_____. "O que é metafísica?" *Conferências e escritos filosóficos*. São Paulo: Nova Cultural, 2005, p. 57-60 [Col. Os Pensadores] [Trad. Ernildo Stein].

_____. "Beiträge zur Philosophie (Vom Ereignis)". *Gesamtausgabe*. Vol. 65. Frankfurt am Main: Vittorio Klostermann, 2003.

_____. Entrevista a *Der Spiegel*. In: *Escritos Políticos*: 1933-1966. Lisboa: Instituto Piaget, 1994 [Trad. José Pedro Cabrera].

_____. "Carta ao reitorado acadêmico da Universidade Albert Ludwig de Freiburg-Am-Breisgau" (datada de 4 de novembro de 1945). In: *Escritos Políticos*: 1933-1966. Lisboa: Instituto Piaget, 1994, p. 171-178 [Trad. José Pedro Cabrera].

_____. *Aus der Erfahrung des Denkens*. Stuttgart: Neske, 1976.

_____. *Interprétations phénoménologiques d'Aristóteles*. Paris, 1976 [Trad. J.-F. Courtine].

_____. *O caminho do campo*. Rio de Janeiro: Duas Cidades, 1969 [Trad. Ernildo Stein].

_____. "Brief über den humanismus". *Wegmarken*. Frankfurt am Main: Vittorio Klostermann, 1967, p. 145-194.

_____. "Preface". In: RICHARDSON, W.J. *Heidegger*: Through phenomenology to thought. The Hague: Martius Nijhoff, 1967.

HERDER, J.G. *Werke* – Erster Theil: Gedichte. Berlim: Hempel, 1879 [Org. Heinrich Düntzer].

HUSSERL, E. *Investigações lógicas* – Investigações para a fenomenologia e a Teoria do Conhecimento. Vol. II. Lisboa: Centro de Filosofia da Universidade de Lisboa, 2007 [Trad. Pedro M.S. Alves e Carlos Aurélio Morujão].

JASPERS, K. *Notas sobre Heidegger.* Madri: Mondadori, 1990 [Org. Vicente Romano Garcia].

JOHNSON, P.A. *On Heidegger.* Belmont: Wadworth, 2000.

KAHLMEYER-MERTENS, R.S. "Da centralidade do conceito de 'diferença ontológica' em Contribuições à filosofia". In: WU, R. (org.). *Heidegger e sua época (1930-1950).* Porto Alegre: Clarinete, 2014.

_____. *Heidegger & a educação.* Belo Horizonte: Autêntica, 2008.

KAUFMANN, W. "Heidegger's Castle". In: *From Shakespeare to Existentialism.* Nova Jersey/Princeton: Princeton University Press, 1980, p. 339-370.

LÉVINAS, E. "Martin Heidegger e a ontologia". *Descobrindo a existência com Husserl e Heidegger.* Lisboa: Piaget, 1997 [Trad. Fernanda Oliveira].

MERKER, B. "Die Sorge als Sein des Daseins" (§ 39-44). In: RENTSCH, T. (org.). *Martin Heidegger – Sein und Zeit.* Berlim: Akademie, 2007, p. 117-132.

MULHALL, S. *Heidegger and* Being and Time. Londres: Routledge, 1996.

NUNES, B. *Passagem para o poético*. São Paulo: Loyola, 2012.

OTT, H. *Martin Heidegger, a caminho de sua biografia*. Lisboa: Instituto Piaget, 2000.

PALMER, R.D. *Hermenêutica*. Lisboa: Ed. 70, 1986 [Trad. Maria Luísa Ribeiro Ferreira].

PÖGGELER, O. *Der Denkweg Martin Heideggers*. Stuttgart: Neske, 1963.

POLT, R. *Heidegger an introduction*. Nova York: Cornell University Press, 1999.

PRECHTL, P. "Die Struktur der 'Intentionalität' bei Brentano und Husserl". In: BAUMGARTNER, W.; BURKARD, F.-P. & WIEDMANN, F. (orgs.). *Brentano Studien* – Internationales Jahrbuch der Franz Brentano Forchung. Vol. 2. Würzburg: Dr. Josef H. Röll, 1990, p. 117-130.

QUILES, I. *Heidegger*: el existencialismo de la angustia. Buenos Aires: Espasa-Calpe, 1948.

SAFRANSKI, R. *Heidegger* – Um mestre na Alemanha entre o bem e o mal. São Paulo: Geração, 2000.

SANDER, A. *Mensch - Subjekt - Person*: die Dezentrierung des Subjekts in der Philosophie Max Schelers. Bon: Bouvier, 1996.

SARTRE, J.-P. *O ser e o nada* – Ensaio de ontologia fenomenológica. Petrópolis: Vozes, 2001 [Trad. Paulo Perdigão].

_____. *L'Existencialime est un humanisme*. Paris: Nagel, 1965.

SCHÉRER, R. & KELKEL, A.L. *Heidegger* – O la experiencia del pensamiento. Madri: Edaf, 1981 [Trad. Bartolomé Parera Galmes].

SHEEHAN, T. "Reading a life: Heidegger and hard times". In: GUIGNON, C. (org.). *Cambridge Companion to Heidegger*. Nova York: Cambridge University Press, 1993.

STEIN, Edith. *La filosofia existencial de Martin Heidegger.* Madri: Minima Trotta, 2010.

STEIN, Ernildo. *Introdução ao pensamento de Heidegger.* Porto Alegre: EdPUCRS, 2002.

TUGENDHAT, E. "Heidegger Seinsfrage". *Philosophische Aufsätze*. Frankfurt am Main: Suhrkamp, 1992, p. 108-135.

_____. *Der Wahrheitsbegriff bei Husserl und Heidegger.* Berlim: Walter de Gruyter, 1972.

VAN GOGH, V. *Cartas a Théo.* Porto Alegre: LP&M, 1991 [Trad. Pierre Ruprecht].

VOLPI, F. "War Franz Brentano ein Aristoteliker? – Zu Brentanos und Aristoteles' Auffassung der Psychologie als Wissenschaft". In: BAUMGARTNER, W.; BURKARD, F.-P. & WIEDMANN, F. (orgs.). *Brentano Studien* – Internationales Jahrbuch der Franz Brentano Forchung. Vol. 2. Würzburg: Dr. Josef H. Röll, 1990, p. 13-30.

WAHL, J. *Petite histoire de l'existencialisme.* Paris: Club Maintenant, 1947.

WRATHALL, M. *How to Read Heidegger.* Londres/Nova York: Norton & Company, 2006.

Para ver outras obras da coleção

10 Lições

acesse

livrariavozes.com.br/colecoes/10-licoes

Conecte-se conosco:

f facebook.com/editoravozes

◉ @editoravozes

𝕏 @editora_vozes

▶ youtube.com/editoravozes

☏ +55 24 2233-9033

www.vozes.com.br

Conheça nossas lojas:

www.livrariavozes.com.br

Belo Horizonte – Brasília – Campinas – Cuiabá – Curitiba
Fortaleza – Juiz de Fora – Petrópolis – Recife – São Paulo

EDITORA VOZES LTDA.
Rua Frei Luís, 100 – Centro – Cep 25689-900 – Petrópolis, RJ
Tel.: (24) 2233-9000 – E-mail: vendas@vozes.com.br